Bernward Theele

Mein Schattenmann

Mein unauffälliger Begleiter des Staatssicherheitsdienstes der ehemaligen DDR im Rahmen meiner eintägigen Einreisen in die damalige DDR

Bernward Theele

Mein Schattenmann

Mein unauffälliger Begleiter des Staatssicherheitsdienstes der ehemaligen DDR im Rahmen meiner eintägigen Einreisen in die damalige DDR

Aufgeschrieben nach Sichtung und Auswertung der Unterlagen des Staatssicherheitsdienstes beim Ministerium für Staatssicherheit der ehemaligen DDR

Rediroma-Verlag

Bibliografische Information der Deutschen Nationalbibliothek:
Die Deutsche Nationalbibliothek verzeichnet diese Publikation in der Deutschen Nationalbibliografie; detaillierte bibliografische Daten sind im Internet über http://portal.dnb.de abrufbar.

ISBN 978-3-96103-926-5

Umschlagillustration: Mopic (shutterstock.de)

www.rediroma-verlag.de
6,95 Euro (D)

Inhalt Themenschwerpunkte

Wer war mein inoffizieller Mitarbeiter (IM)?

Der Überwachungsstaat DDR mit seinem Ministerium für Staatssicherheit (MfS) und den dort gesammelten personenbezogenen Unterlagen des Staatssicherheitsdienstes (Stasi) in der später auch als „Gauck-Behörde“ bezeichneten Dienststelle

Schilderungen, Erlebnisse und Gefühle eines Menschen, der Einsicht in seine personenbezogenen Unterlagen beim MfS genommen hat

Meine Schilderungen und Erlebnisse sind nicht zuletzt meinen beiden Kindern **Katharina** und **Franziska** gewidmet, aber auch meinen beiden Cousinen **Karin** und **Hildegard in der ehemaligen DDR** mit der Hoffnung, dass die geschilderten Erlebnisse weitergegeben werden an deren Kinder.

Inhalt

Einleitung

Bei der Niederschrift über meine Auswertung der Unterlagen des Staatssicherheitsdienstes der ehemaligen Deutschen Demokratischen Republik ist mir der Gedanke gekommen, diese in Buchform zu gestalten.

Dazu war es notwendig, zunächst einmal die in den Berichten bzw. Unterlagen des Staatssicherheitsdienstes auftauchenden und überwiegend nur mit Großbuchstaben abgekürzten Namen – soweit es mir möglich war – zu identifizieren. Weiterhin war festzustellen, inwieweit diese Personen sich unmittelbar auf mich bzw. auf die mit mir verbundenen Überwachungsmaßnahmen bezogen.

Andererseits waren aber auch personenbezogene Informationen über andere Personen anonymisiert worden. Dies war erforderlich und unter anderem zur Wahrung der schutzwürdigen Interessen anderer Betroffener und Dritter unumgänglich.

Laut Mitteilung des Bundesbeauftragten für die Unterlagen des Staatssicherheitsdienstes der ehemaligen Deutschen Demokratischen Republik (BStU) waren Rechtsgrundlage die §§ 12 Absatz 5 in Verbindung mit §13, Absatz 4, Stasi-Unterlagen-Gesetz.

Es handelte sich dabei stets um Personen aus meinem Umfeld, d.h. z.B. aus dem Familien-,

Freundes- oder Bekanntenkreis, zu denen der Staatssicherheitsdienst ebenfalls Informationen gesammelt hatte.

Das Recht auf Einsichtnahme in die Akten des MfS steht jedoch ausschließlich nur den Personen zu, auf die sich diese Informationen in den Unterlagen der StaSi unmittelbar beziehen. Zur beantragten und bewilligten Akteneinsichtnahme des Antragstellers wurden immer diejenigen entsprechenden Stellen daher geschwärzt, wenn sog. „unbeteiligte Dritte" erwähnt wurden, die mit meiner eigentlichen Observierung nichts zu tun hatten. Die meine Person betreffenden und mich einbeziehenden Informationen sind offen geblieben und wurden daher nicht geschwärzt.

Zu den diesem Buch beigefügten Kopien merke ich an, dass es sich dabei um Kopien mit einer mangelhaften Qualität handelt. Die Ursache war und ist der allgemein schlechte Zustand der Originaldokumente, die beim MfS gesammelt und archiviert wurden. Ich bitte, dies zu entschuldigen.

Den diesem Buch beigefügten Kopien geht dadurch aber nicht deren Wichtigkeit und insbesondere auch nicht deren Brisanz hinsichtlich der Dokumentation der einzelnen Überwachungsmaßnahmen des MfS im Rahmen der Überwachung durch meinen IM verloren.

Im Gegenteil, die beigefügten Aktenprotokolle und Besprechungen sollen der Leserin bzw. dem Leser auch nicht zuletzt den Eindruck vermitteln, mit welcher auf der einen Seite akribischen, aber auf der anderen Seite auch doch teilweise sehr ungenauen und pedantischen Darstellung von Beobachtungen und sachlichen Feststellungen die Staatsorgane des MfS der DDR und damit auch die Abfertigungsbeamten bei den Grenzübergängen Sachverhalte ermittelt haben.

Die von mir aus den Akten übernommenen Abkürzungen von Namen lassen m.E. nicht immer zu, dass man unbedingt auf die tatsächlichen ausgeschriebenen Namen kommen konnte.

Es ist bzw. war für mich auch nicht wichtig, die die vollständigen Namen zu ermitteln bzw. die Personen hinter den abgekürzten Großbuchstaben herauszufinden.

Ich wollte es auch nicht, um diesem Personenkreis einen gewissen Schutz auch und gerade hinsichtlich der Wahrung der Identität zu gewährleisten. Obwohl es mir in Gesprächen mit meiner Cousine im Rahmen der Aufarbeitung der Vorgänge der Stasi anhand der Stasi-Unterlagen doch ab und zu gelang, mir genauere Details über die Abkürzungen und die damit verbundenen Namen zu erklären.

Die Leserin bzw. den Leser sollten eben in erster Linie nur meine geschilderten Überwachungsmaßnahmen der Kontrollorgane des MfS interessieren, nicht die Personen, die diese Überwachungsmaßnahmen gesteuert, angeordnet und durchgeführt haben. Um zu verstehen, wozu Kontrollorgane fähig waren.

Ich habe während meiner eintägigen Einreisen beim Besuch meines Großvaters natürlich auch viele andere Menschen bei Geburtstagen oder sonstigen Feiern im Dorf getroffen und in Gesprächen näher kennengelernt.

Natürlich war ich überrascht, beim Studium meiner Stasi-Akte auf Personen zu treffen, die nur mit abgekürzten Großbuchstaben in Berichten und Protokollen auftauchten. Aber die persönliche intensive Auswertung der Berichte und die damit verbundenen mir durchaus annähernd mehr oder weniger geläufigen Hintergrundinformationen ließen auch mich manchmal nur erahnen, was die Abkürzungen bedeuteten und wer bzw. welche Person aus dem Dorf meiner Verwandten es sein könnte.

Vollständige Gewissheit über Personen holte ich mir, wenn ich mir sicher sein wollte, bei meiner

Cousine Hildegard, denn sie war in dem Dorf aufgewachsen und kannte die Einwohner des Dorfes.

Insofern war ich froh, jemanden zu haben, der sich über die Gegebenheiten zu jener Zeit in der DDR auskannte und bereit war, mir bei der Auswertung der Akten zu helfen. Obwohl ich mir dann immer sicher war, dass Hildegard offenbar ein schlechtes Gewissen hatte. Das brauchte sie aber nicht zu haben, denn die Dokumentationen in meiner STASI-Akte waren ja inzwischen kein Geheimnis mehr.

Ich hätte mir sehr gewünscht, wenn meine Cousine ihre eigenen in der Zeit des Sozialismus gemachten Erfahrungen insbesondere hinsichtlich meiner Einreisen und Aufenthalte beim Großvater mit in dieses Buch eingebracht hätte.

Aber ich verstehe auch die von meiner Cousine vorgetragenen Bedenken hinsichtlich ihrer Mutter bzw. meiner Tante, die über diese seinerzeitige nicht einfache Zeit mit der ständigen Überwachung und Kontrolle durch die Organe der DDR mit Sicherheit nicht mehr gerne reden würden.

Das Ministerium für Staatssicherheit

Das Ministerium der Staatssicherheit der DDR , allgemein mit der Abkürzung Stasibehörde benannt bzw. im Sprachgebrauch „die Stasi“, wurde am 08.02.1950 gegründet.

Am 30. Juni 1990 hat diese Behörde aufgehört zu existieren. Zuvor schon, im Herbst 1989, war diese Behörde von den Bürgerinnen und Bürgern der DDR entmachtet worden.

Die Behörde war aufgeteilt in
15 Bezirksverwaltungen,
209 Kreisdienststellen.

1989 arbeiteten dort etwa 90.000 Menschen für das MfS.

In den 70er Jahren rechnete das MfS angesichts der beginnenden Entspannungspolitik mit einer Zunahme feindlicher Beeinflussung durch den Westen. In diesem Zusammenhang entstanden neue Kontroll- und Überwachungsansprüche.

Ende 1989 gab es etwa 20.000 Inoffizielle Mitarbeiter (IM).

Teil I
Allgemeines zum Leben in der DDR aus Sicht meiner Verwandten dort

Wiedervereinigung, Grenzöffnung, Tag der Deutschen Einheit, wer hätte jemals gedacht, dass das einmal nach 40 Jahren Sozialismus Wirklichkeit werden könnte?

Am 9. November 1989 öffnet die DDR die Mauer in Berlin und die Grenze zur Bundesrepublik.

Am 18.03.1990 finden noch einmal Wahlen zur Volkskammer der DDR statt. Am 18.05.1990 tritt der Staatsvertrag zur Währungs- und Wirtschafts- und Sozialunion der Bundesrepublik Deutschland in Kraft.

Zum 01. Juli 1990 wird dann auch die Deutsche Mark und die Soziale Marktwirtschaft eingeführt. Löhne, Gehälter, Renten und Pensionen werden 1:1 umgestellt.

Mit dem Einigungsvertrag wird zum 31. August 1990 nunmehr auch die staatliche Einheit Deutschlands hergestellt. Mit dem 03. Oktober 1990 tritt die DDR der Bundesrepublik Deutschland bei nach Artikel 23 des Grundgesetzes.

Von der Grenzöffnung bis zur eigentlichen Einheit Deutschlands war es also noch ein weiter Weg. Und es gibt auf diesem Weg viele wichtige Daten und geschichtliche Ereignisse, die ich vorherstehend noch einmal zum besseren Verständnis kurz aufgeführt habe.

Und so ging wie überall entlang der Grenze zur Deutschen Demokratischen Republik auch am Grenzübergang Gerblingerode/Duderstadt bzw. Testungen/Worbis am 9.November 1990 knapp nach Mitternacht die Grenze auf.

Tausende Menschen haben sich darüber gefreut, sich in den Armen gelegen, gejubelt, sich im Westen gleich die neuesten Plattenspieler sowie gebrauchte oder neue Autos mit in Plastiktüten vollgestopftem DDR-Geld gekauft und nicht zu vergessen die vielen Trabbis und Trabants, die plötzlich das Straßenbild in Westdeutschland beherrschten und die man schon von Weitem riechen und hören konnte.

Die Feierlichkeiten, die alljährlich zu diesen Anlässen stattfinden, sind immer noch mit Fröhlichkeit, Ausgelassenheit und überschwänglicher Freude verbunden. So soll es ja auch sein und auch bleiben.

Gerade entlang den damaligen Grenzen zur DDR werden in den Grenzdörfern immer wieder alljährlich diese inzwischen schon kultartigen Feiern und Gedenkveranstaltungen förmlich zelebriert.

Auch in den Medien werden die Geschichtsereignisse betreffend der Wiedervereinigung immer neu aufbereitet und detailliert noch einmal beschrieben.

Was ich allerdings vermisse oder vermisst habe bei all dem Jubel, Trubel und den vielen positiven Gefühlen anlässlich der Grenzöffnung ist die Tatsache, dass man einen Teil des Systems DDR vollkommen aus den Augen verloren hat.

Dass es ein Ministerium für Staatssicherheit (MfS) gab oder gegeben hat, dass viele Menschen beobachtet, überwacht und bespitzelt hat.

M.E. gehört auch dieser Zeitabschnitt unbedingt zur Geschichte der DDR, zum Verständnis für die vielen Vorkommnisse, die nur mit dem MfS möglich waren bzw. notwendig waren, um die Republik DDR „im Griff" zu haben.

Mir geht es bei meinen Schilderungen dazu nicht nur um eine objektive Betrachtung aus meiner Sicht. Vielmehr soll auch eine subjektive Betrachtung der Geschehnisse, die ja insbesondere mich persönlich betroffen haben, gestattet sein.

Ich denke, dass ich als eine Person, die über einen längeren Zeitraum hinweg von den Staatsorganen der DDR überwacht wurde und über die man sogar eine Akte angelegt hatte, das Recht dazu habe.

Es geht mir also in erster Linie nicht darum, die historischen Ereignisse zu schildern. Es war mir wichtig, nachdem ich meine beim MfS vorhandenen Akten einsehen konnte, die Zeit meiner Überwachung durch die Staatssicherheit der DDR bzw. deren Kontrollorgane während der Besuchsreisen in den 70er Jahren in einer Zusammenfassung zu dokumentieren.

Meine Erlebnisse während meiner regelmäßigen jeweils eintägigen Einreisen in die DDR, die „unauffälligen" Bemühungen der Kontrollorgane um genaue Auskünfte über meine Person bereits im Vorfeld der Kontrolle meiner Einreisen und die getroffenen Überwachungsmaßnahmen und Ausforschungsversuche insbesondere auch im nahen Umfeld meiner Verwandtschaft waren genug Beweggründe, dies alles schriftlich zusammenzufassen.

Es war mithin für mich eine notwendige Aufarbeitung dieser mich persönlich betreffenden Vorkommnisse, die Auseinandersetzung mit dem, was Überwachungsorgane des MfS alles unternommen haben, die sogar nicht davor zurückschreckten, selbst die Verwandtschaft mit in die Überwachungsmaßnahmen meiner Person einzubeziehen.

Meine Schilderungen sollen aber auch aufzeigen, wie leichtfertig Menschen sich in einem sozialistischen System wohlgemerkt dazu herabgelassen haben, andere Menschen auszuspionieren, zu beobachten und notfalls auch anzuschwärzen. Begriffe wie Moral, Anstand und Würde schienen wohl in diesem System den meisten Bewohnern fremd geworden zu sein.

Daher war es für mich auch wirklich wichtig, mit dieser Geschichte mein Anliegen zu verbinden, dass man nicht bzw. niemals vergessen solle, dass gerade deswegen viele Menschen aufgrund ihrer vollen Überzeugung, in einem Unrechtsstaat zu leben, im System DDR zu leiden hatten. Und dass es immer wieder Menschen geben wird, die sich einem totalitär ausgerichteten und der Grundrechte beraubten Gesellschaftssystem unterwerfen.

Deshalb habe ich meine Geschichte dazu aufgeschrieben, denn auch ich wurde vom MfS bzw. durch seine Kontrollorgane überwacht mit Hilfe eines inoffiziellen Mitarbeiters (IM). Und viele andere Tausende mögen das wahrscheinlich auch so oder ähnlich erfahren haben.

Mich hat die Wiedervereinigung bzw. Grenzöffnung natürlich auch ganz besonders bewegt. Ich wurde 1950 im Altkreis Duderstadt geboren und bin in Grenznähe aufgewachsen. Mein Vater hatte 1949 sein Geschäft in Heilgenstadt aufgeben müssen, da er vom neuen Staat im Sozialismus enteignet wurde. Es sollte eben kein Privateigentum mehr geben.

Mein Vater war daher noch 1949 auf den „letzten Drücker“ über den damals noch einfachen provisorischen „Weidezaun“ bzw. leicht zu überwindenden Grenzzaun in den Westen geflüchtet. Sein Geschäft wurde nach seiner Flucht enteignet.

Zurück blieben der Vater bzw. mein Großvater und dessen Tochter, meine Tante. Sie waren als Angehörige eines Republikflüchtigen besonderen Schikanen ausgesetzt, lebten in dem seinerzeit zusätzlich wegen der Grenznähe eingerichteten Sperrgrenzbezirk innerhalb der 1-km-Grenzzone bzw. Sperrzone, einem von Soldaten der Nationalen Volksarmee (NVA) sporadisch und „unauffällig, aber genau“ überwachten Grenzraum.

Sogar Bewohner der DDR, die außerhalb dieser Sperrzone wohnten und ihre Verwandten im Sperrgrenzbezirk besuchen wollten, benötigten immer dazu einen sog. Berechtigungs- oder Erlaubnisschein. Was für ein Vertrauen hatten die Genossinnen und Genossen gegenüber ihren eigenen Genossinnen und Genossen?

Die Antwort erübrigt sich bei dieser Fragestellung.

Die Ländereien meines Vaters bzw. Großvaters wurden ebenfalls enteignet und in sozialistisches Gemeinschaftseigentum der DDR überführt.

Um überleben zu können waren Großvater und Tante verpflichtet – wie alle anderen Genossen mit landwirtschaftlichen Kleinbetrieben in der DDR auch – z.B. auf den Feldern im Rahmen der neu eingerichteten landwirtschaftlichen Produktionsgenossenschaften (LPG) oder in den ebenfalls neu eingerichteten volkseigenen Betrieben (VEB) produktiv im Sinne des Sozialismus mitzuarbeiten.

Nur dann bekam man nämlich auch immer ein entsprechendes Deputat – ausgerichtet an der jeweiligen Zahl der im Haus lebenden Mitbewohner und den geleisteten Arbeitsstunden – in Form von Kohle, Kartoffeln und weiteren Ernteerzeugnissen. Meine Tante arbeitete mithin zusätzlich noch in einem kleinen Spielzeugherstellungskombinat, sie musste ja auch noch Großvater versorgen. Altersbedingt und gesundheitsbedingt konnte Großvater nicht mehr arbeiten.

Was ja auch notwendig war, insbesondere dann, wenn man noch nebenbei wie Großvater und Tante z.B. zwei Schweine und Kleinvieh wie Ziegen Hühner und Gänse „ernähren“ wollte. Was die sozialistische Marionettenregierung seinen Bürgen immer noch erlaubt hatte. Nicht ohne Hintergedanken, nämlich um die Privatinitiative und den kleinen Wirtschaftsbetrieb auf privater Basis nicht ganz abzuwürgen. Nicht zuletzt auch mit dem Vorteil, Tauschobjekte zu haben. Und vor allem um die schon allgemein bekannte bestehende

Mangelversorgung in der DDR nicht vollkommen zum Erliegen zu bringen.

Nachdem sich die DDR zunächst hermetisch durch ihre überaus kostspieligen und überdimensionalen Grenzsicherungsanlagen (einreihiger bzw. zweireihiger Metallgitterzaun, verminter Todesstreifen, Signalanlagen, Selbstschussanlagen und Kolonnenweg mit Hundelaufanlage jenseits entlang der Grenze und Panzersperrgraben vor dem Metallgitterzaun diesseits der Grenze usw.) gegen den Klassenfeind abgesichert hatte, war auch zunächst nicht an Besuche bei den in Ostdeutschland und in Ostberlin hinter der Grenze, dem sog. Stacheldrahtzaun, verbliebenden Verwandten zu denken.

Woran jedoch in all den Jahren nach der Wiedervereinigung und anlässlich der regelmäßig zum Jahrestag der deutschen Einheit ausgerichteten Feiern leider nicht mehr gedacht wurde, waren die Tatsachen, dass das totalitäre System DDR auch darauf ausgerichtet war, das Volk ständig zu bespitzeln. Keiner konnte dem anderen so richtig trauen, Nachbarn waren bereit, Nachbarn bei der Volkspolizei anzuschwärzen, wenn z.B. mal Westfernsehen von jemandem geschaut wurde oder wenn man den Nachbarn wegen kritischer Äußerungen zum Sozialismus bei der Volkspolizei melden konnte.

Einem Nachbarn mal seine eigenen vielleicht etwas westlich ausgerichteten Gedanken mitzuteilen, war einfach zu gefährlich.

Der wichtigste Pfeiler im System DDR zur Überwachung der Systemtreue oder besser der Linientreue ihrer Genossinnen und Genossen war das Ministerium für Staatssicherheit (MfS) mit seinen unzähligen IM, die u.a. darauf angesetzt waren, vornehmlich westdeutsche BesucherInnen im Rahmen von Besuchsreisen auszuhorchen.

Dabei wurde zu allen Mitteln gegriffen. Dazu mehr in meinem nachfolgenden Bericht. Als ich meine von der Gauck-Behörde angeforderten Unterlagen endlich, nach fast drei Jahren Wartezeit, einsehen konnte, war ich überrascht, erstaunt und manchmal erschrocken bzw. traurig, weil sich mein IM immer bei meinen Besuchsreisen in der mittelbaren und später sogar in der unmittelbaren Verwandtschaft bcfand.

So kam dann ja zunächst die Zeit, dass regelmäßig Pakete an die Verwandten geschickt wurden, mit Schokolade, Süßigkeiten und vor allem Kaffee und Obst und Gemüse, also, alles was in der DDR Mangelware war.

Also mithin alles, das was sich Erwachsene und Kinder im Westfernsehen heimlich ansehen konnten und das es im Reich des Sozialismus nicht gab, aber dafür beim Klassenfeind.

Meine Eltern wunderten sich, dass bei der Ankunft der Pakete beim Empfänger – mein Großvater bzw. die Tante – im Paket ab und zu einige Sachen fehlten, z.B. einmal das Paket Kaffee, einmal die Schokolade und einmal die begehrten Nylonstrümpfe, insbesondere zu Ostern und zu Weihnachten.

Alle Pakete Richtung Raum Heiligenstadt z.B. liefen über das Paketzollamt Halle. Nicht selten kam es vor, dass von den dortigen Kontrollbeamten der Zollverwaltung aus den Paketen Sachen herausgenommen wurden für den eigenen Bedarf. Insofern waren die dortigen Kontrollbeamten natürlich auch großen Versuchungen ausgesetzt und sahen aus erster Hand, was es alles an tollen Sachen beim Klassenfeind gab, aber im Land des Sozialismus nicht.

Die Kontrollorgane der Stasi beim Postpaketzollamt Halle gehörten zur Abteilung M des MfS und waren für die Kontrolle und Auswertung von Postsendungen im internationalen und nationalen Verkehr zuständig.

Aber es war sicherlich aus Sicht der DDR-Kontrollorgane einfach bzw. möglicherweise auch legal, die Herausnahme bestimmter Produkte aus den Paketen immer mit den bestehenden Verbringungsverboten oder Verbringungsbeschränkungen in die DDR zu begründen.

Erst als sich nach einigen Jahren auf politischer Ebene eine leichte Entspannung abzeichnete kam es nachfolgend immer mehr zu Reiserleichterungen. Zunächst gab es den sog. Kleinen Grenzverkehr.

Grenzübergänge wurden im Raum Göttingen, z.B. Gerblingerode / Teistungen, eingerichtet. Von diesem Zeitpunkt an wurde die Paketversendung wesentlich weniger. Der Pkw wurde nunmehr künftig im Rahmen des kleinen Grenzverkehrs zu einem wichtigen Beförderungsmittel für alle wichtigen Sachen, die die Menschen im anderen Teil so dringend benötigten. Je größer der Kofferraum um so besser die Mitnahmemöglichkeiten.

Was haben meine Eltern und ich nicht alles in den anderen Teil Deutschlands zum Großvater und zu meiner Tante verbracht, ich denke da an Ofenrohre, Fliesen, Kacheln und sogar einmal einen schönen alten Ölofen, den man mit Heizöl betanken konnte und der eine Wohnung auf damals einfache und bequeme Weise warm machte.

Es war insofern eine revolutionäre Fortentwicklung der Brennstoff-Technologie im Sozialismus, weg von dem unangenehm riechenden Braunkohleduft hin zum Heizöl.

Ich hatte inzwischen nach dem Abitur im Rahmen des Grundwehrdienstes auch den Führerschein bei der Bundeswehr erworben, was nunmehr wichtig für die Transportfahrten in die DDR war. Man konnte sich abwechseln bei den Versorgungsfahrten für meine Verwandten und natürlich selbstverständlich und nicht zuletzt somit insbesondere zur Aufrechterhaltung des Systems DDR.

Die durchgeführten eintägigen Besuchsreisen in den Raum Heiligenstadt waren immer recht anstrengend. Morgens rein in die DDR und abends wieder raus aus der DDR. Man war ja immer froh, wenn man wieder heil daheim angekommen war.

Mein Grenzübergang war stets Gerblingerode-Duderstadt/Teistungen-Worbis.

Was freuten sich mein Großvater und meine Tante, wenn ich sie besuchen kam und ihnen die vielen tollen Sachen im Kofferraum präsentierte. Meine Tante sagte dann immer: „Endlich mal was Gescheites." Worauf mein Großvater dann immer warnend sagte: „Sei leise, wenn das jemand hört."

Insbesondere meinen Großvater möchte ich in diesem Zusammenhang erwähnen, der, so glaube ich, nur deshalb so alt – 98 Jahre – geworden ist, weil er sich ständig über Erich Honecker aufregen konnte. Oder war es sein Lieblingsverein Borussia Dortmund, zumal Großvater noch Verwandte in

Dortmund hatte, die er später im Rahmen der angeordneten Reiserleichterungen besuchen konnte?

Trotz aller Warnungen schaute sich mein Großvater stets das Westfernsehen gerne an, während sein Nachbar, wenn dieser bei Großvater von der Straße aus den Ton des Westfernsehens hörte, nichts Besseres zu tun hatte, als das der Volkspolizei zu melden. Woraufhin sich mein Großvater nachfolgend einige Belehrungen durch die Volkspolizei gefallen lassen musste.

Großvater hatte den Fernseher stets etwas lauter gestellt, weil er nicht mehr so gut hören konnte, obwohl es in dem Dorf mit Sicherheit viele gab, die sich lieber das Westfernsehen anschauten als die ständigen Hetzparolen des sog. Schwarzen Kanals mit dem Genossen Karl Eduard von Schnitzler.

Wie z.B. Udo Lindenberg in dem bekannten Song „Im Sonderzug nach Pankow“ singt: … „und sitzt auf dem Klo und hörst West-Radio.“

Noch wichtiger wurden allerdings meine eintägigen Besuche in der DDR, als meine Tante heiratete und die Zwillinge Karin und Hildegard geboren wurden.

Obst, Süßigkeiten und andere für Kinder wichtige Grundnahrungsmittel gab es ja nicht in der DDR. Es gab sie nur überwiegend und vornehmlich in Ostberlin, wo der Welt der Vorzeige-Sozialismus präsentiert wurde.

Und so intensivierte ich meine jeweils eintägigen Einreisen in die DDR, stellte immer regelmäßig über meinen Großvater und meine Tante einen Antrag auf Einreise beim Volkspolizeikreisamt Worbis, worauf ich regelmäßig nach Genehmigung ein Einreisevisum vom Großvater bzw. der Tante zugeschickt bekam.

Und somit konnten meine zahlreich durchgeführten Tagesreisen beginnen. Immer morgens rein in die DDR und abends wieder vor 24 Uhr raus aus der DDR. Und ich wunderte mich immer, wie neugierig die ostdeutschen Grenzschützer doch waren und was sie alles von mir schon wussten und was sie im Rahmen ihrer routinemäßigen Befragungen herauszubekommen versuchten.

Teil II
Die Einreise und Ausreise

Wie spielte sich das Verfahren bei der Einreise immer ab?

Die Einreise über Gerblingerode/Teistungen war stets sehr zeitaufwendig. Es gab gerade an den Wochenenden und noch mehr zu den Feiertagen immer längere Staus und Wartezeiten schon zu Beginn der Einreise.

Von meinem Heimatdorf aus fuhr ich oftmals fast immer mit einem mulmigen Gefühl, sobald der Grenzübergang Gerblingerode/Teistungen in Sichtweite war.

Wie oft hatte ich bangend in der Warteschlange der Pkw darauf gewartet, bis die entsprechenden Kontrollen beendet waren. Passkontrollen durch die Grenzkontrollbeamten und die Warenkontrollen durch die Zollbeamten der DDR gestalteten sich meistens in einer schweigenden, bedrückenden und teilweise ängstlichen Atmosphäre, wobei gestellte Fragen zu beantworten waren. Widersprüche wurden oftmals mit Hinauswinken des PKW auf eine Nebenspur mit absichtlich verlängerter Abfertigungszeit geahndet.

Man war endlich froh, wenn man das Signal zur Weiterfahrt bekam.

Die Abfertigungen waren teilweise schikanös. So wurde bei mir z.B. immer ein Aufkleber der CDU mit der bundesdeutschen Fahne am Kofferraum bzw. Heck beanstandet, verbunden mit der Aufforderung, diesen Aufkleber sofort zu entfernen. Was ich dann auch immer tat.

Bei der abendlichen Ausreise fand ebenfalls immer eine noch gründlichere Ausreisekontrolle statt, was man allerdings verstehen kann, da es ja immer auch eine mögliche Republikflucht zu verhindern galt.

Der Tankdeckel war stets zu öffnen, damit die Kontrollbeamten mit einer langen und biegsamen runden Metallstange den Tankbehälter überprüfen und abklopfen konnten. Spiegeltechnik wurde eingesetzt, um den Unterboden prüfen zu können.

Die Rücksitze waren von mir auszubauen, die Kindersitze ebenfalls.

Als meine Kinder noch im sog. Pampers-Alter waren, verlangte besonders diensteifriges Kontrollpersonal beim ostdeutschen Zoll oft, die Pampers zu öffnen. Man hätte ja Devisen in Form von Ostmark in der Pampers versteckt ausführen können.

Und je nachdem, obwohl die Verbringungsvorschriften bei der Ausfuhr nach Westdeutschland hinsichtlich von Wurstwaren ein Verbot vorsahen, durfte ich dennoch die gute Eichsfelder Mettwurst und Eier usw. in der überwiegenden Zahl meiner Ausreisen – deklariert als Geschenk meiner Verwandten – ohne Beanstandung ausführen. Aber es gab auch nicht selten sehr diensteifrige ostdeutsche Zollbeamte, die die genannten Lebensmittel mir wegnahmen und in den mir noch heute vor meinen Augen stehenden Mülleimer warfen, obwohl ich fest überzeugt war, dass sich die Kontrollorgane die tolle Mettwurst im Nachhinein nach Schichtende wieder aus dem Mülleimer herausgeholt haben. Denn die Grenzsoldaten lebten kaserniert, hatten kaum Kontakt zur Bevölkerung und freuten sich, wenn sie mal etwas Kräftiges bzw. Deftiges auf dem Speiseplan hatten und nicht nur immer die Soljanka, eine Art Gulaschsuppe, die später nach dem Wegfall der Grenze einen gewissen Beliebtheitsgrad erreichte. Aber es ist auch wichtig zu sagen, das darf nicht unerwähnt bleiben, dass es oft auch Grenzbeamte gab, die einem eine „Gute Weiterreise“ wünschten und man merken konnte, da war im Tonfall ein klein wenig Höflichkeit und Mitgefühl zu spüren.

Gott sei Dank, funktionierte dieses System DDR nicht auf Dauer.

Teil III
Die Unterlagen bei dem MfS (bzw. später als Gauck- Behörde bekannt)

Grenzöffnung, Wiedervereinigung und der Tag der deutschen Wiedervereinigung hatten ja nicht nur die mit der Wiedervereinigung verbundene überschwängliche Freude zur Folge.

Es hatte sich schnell herumgesprochen, es gab ja das Ministerium für Staatssicherheit (MfS), das ja mit seinen Dienststellen und dem enormen Kontrollapparat jede Menge personenbezogene Unterlagen gesammelt hatte. Es tauchte plötzlich der Begriff des inoffiziellen Mitarbeiters (IM) auf. Es gab bzw. hatte jede Menge inoffizielle Mitarbeiter in der DDR gegeben. Und so war man ja auch bereits kurz davor, dass interessierte Leute des MfS aus Vorsicht und im Hinblick auf die Zeit nach der DDR schon kurz vor der eigentlichen Wiedervereinigung die Absicht hatten, die Unterlagen möglichst schnell zu vernichten.

Zu diesem Zeitpunkt mag sich wohl auch der Begriff „Wendehälse" nach und nach entwickelt haben.

Ich habe noch das MfS vor Augen, wie man aus den Nachrichten dort viele geöffnete Fenster sehen konnte, aus denen die Akten herausflogen. Eine vollständige Vernichtung der Unterlagen konnte aber im letzten Moment verhindert werden. Es gelang auch, viele Unterlagen, die noch nicht vollständig vernichtet oder auch schon teilweise geschreddert waren, wieder lesbar zu machen.

Man, also jeder, war nun in der Lage, selbst feststellen zu können, ob man eventuell auch mal als ein Betroffener einen IM hatte und in diesem Fall natürlich auch gerade in diesen Unterlagen hätte fündig werden können. Jeder hatte nun das Recht, seine Akten einzusehen, die das MfS für oder über ihn eventuell angelegt hatte.

Ein inoffizieller Mitarbeiter (IM) war der Definition nach „Ein- konspirativ und in der Regel unbezahlt tätiger Informant des MfS, vor allem zur Überwachung und Beeinflussung seines Umfeldes; flächendeckend und in allen Bereichen der Gesellschaft, auch im Ausland einschl. der Bundesrepublik Deutschland und in Berlin (-West) eingesetzt“.

Ich kann hier zur Definition „in der Regel unbezahlt“ schon vorweg erwähnen, dass mein IM in zwei Fällen für seine Tätigkeit, mich zu beobachten und zu überwachen, entlohnt wurde.

Nachdem einige meiner Kolleginnen und Kollegen schon einen Antrag auf Einsichtnahme in die

Unterlegen des MfS gestellt hatten und über die Schilderungen und Berichte doch auch sehr erstaunt waren, stellte nunmehr auch ich im April 2017 einen entsprechenden Antrag.

Im April 2019 bekam ich dann endlich Nachricht, dass es Vorgänge zu meinem Großvater gab und dass mein Vorgang recht umfangreich war. Es sollten etwa 300 Seiten sein. Um mir die Fahrt nach Berlin und eine mehrtägige Einsichtnahme mit Übernachtung in Berlin zu ersparen, bot man mir an, etwa 200 Seiten zu kopieren und mir diese zuzuschicken gegen Gebühr. Damit war ich einverstanden.

Laut einem Bericht im Göttinger Tageblatt vom 09.07.2020 ist die Zahl der Anträge beim Bundesbeauftragten für die Stasi-Unterlagen im ersten Halbjahr 2020 zwar deutlich zurückgegangen, trotzdem sind im ersten Halbjahr 2020 noch 22.743 Antrage auf Einsichtnahme eingegangen. In Jahr 2019 waren es noch 26.402.

Seit Beginn der Aufnahme der Tätigkeit in dieser Behörde wurden sage und schreibe 7,3 Millionen Anträge auf Akteneinsicht gestellt, davon knapp die Hälfte von Bürgerinnen und Bürgern.

Und so hatte ich nunmehr auch eine solche dicke Akte meiner Stasi-Unterlagen auf meinem Schreibtisch liegen.

Je mehr ich nun in den Unterlagen stöberte, umso mehr war ich froh, dass ich mich dazu entschieden hatte, die Unterlagen anzufordern und somit einzusehen zu können.

Leider wurde mir bei der Zusendung meiner Unterlagen mitgeteilt, dass man einige Stellen schwärzen bzw. anonymisieren musste gemäß der Vorschriften des Stasi-Unterlagen-Gesetzes.

Ich hatte immer das Gefühl, dass ich ab dem Zeitpunkt der ersten Einreise in die DDR überwacht wurde. Auch hatte man mich immer sehr genau über meine dienstliche Tätigkeit befragt, was oftmals ein Wissen voraussetzte, das nicht nur aus meinen Angaben in den Anträgen auf Einreise in die DDR hervorgehen konnte.

Im Rahmen meiner beruflichen Tätigkeit als Beamter der Zollverwaltung

- u.a. als stellvertretender Kommissar an der Grenze zur DDR im Raum Wittingen,
- u.a. als Abfertigungsleiter Warenkontrolle Drittland und DDR am Grenzübergang Helmstedt- Autobahn,
- u.a. als Lehrender an der alten Zollschule Bad Gandersheim für die Zollgrenzdienstbeamten des mittleren Grenzzolldienstes und später als Dozent für die Nachwuchskräfte des gehobenen Zolldienstes

... war ich m.E. sicherlich auch ein lohnendes Objekt, das „anzuzapfen“ als durchaus lohnenswert erschien. Zumindest war es ja einen Versuch wert.

In meinen Anträgen auf Erteilung einer Erlaubnis für eine eintägige Einreise als auch in der bei der Einreise auszufüllenden Zählkarte war immer auch grundsätzlich die ausgeübte Tätigkeit und die Arbeitsstelle anzugeben.

Insofern gab es ab und zu schon einmal weitergehende und gezielte Fragen zu meinem Beruf, die von mir aber immer sehr allgemein gehalten beantwortet wurden. Denn warum sollte man so unhöflich sein und die bestehende, teilweise auch mal nicht unfreundlich geführten Diskussionen durch Schweigen abrupt abbrechen?

Es hätte mich vermutlich wieder eine weitere halbe Stunde Wartezeit durch Herauswinken aus der Schlange auf einen Seitenstreifen gekostet.

Zudem deuteten die Art und Weise der Fragestellung fast immer darauf hin, dass die Kontrollorgane der DDR eh schon fast alles wussten. Warum das so war, darauf komme ich später.

Einige Zeit nach der Grenzöffnung sickerte allmählich immer mehr und mehr durch, dass es entlang der innerdeutschen Grenze zur DDR bestimmte sog. „versteckte Grenzübergabestellen“ gegeben haben musste, an denen man heimlich, vorwiegend nachts vermutlich und deshalb verbotenerweise, Dienstpläne der westdeutschen Grenzkontrollorgane durchschieben konnte.

Die Einsichtnahme in meine Unterlagen hat mich sehr betroffen gemacht.

Ich wurde tatsächlich und nachweislich regelmäßig bei meinen Aufenthalten in der DDR im Rahmen des kleinen Grenzverkehrs überwacht, meine Einreisen wurden stets vorher schon dem MfS durch meinen IM angezeigt und waren mithin bekannt. Weil eben dieser IM auch darauf angesetzt war, durch seine Besuche bei meinen Verwandten herauszubekommen, „wann denn der Bernd mal wieder zu Besuch kommen würde“. Aber dazu mehr in einem eigenen Bericht.

Reisen in den sog. Kommunistischen Machtbereich waren seinerzeit von Beamten/Beamtinnen in Führungspositionen in sensiblen Bereichen der Zollverwaltung der Dienststelle stets vorher anzuzeigen. Die Reisen waren grundsätzlich genehmigungspflichtig.

Eine regelmäßige Belehrung war immer vorgesehen. Es wurde eindringlich davor gewarnt, sich anwerben zu lassen für sog. Spitzeldienste bzw. Dienstgeheimnisse preiszugeben.

Solche Dienstgeheimnisse waren z.B. an der innerdeutschen Grenze zur DDR die Einsatzpläne und Dienstpläne der Zollstreifen bzw. der Streifen des Bundesgrenzschutzes (heute Bundespolizei).

Auch die Besetzung der einzelnen Zollkommissariate entlang der innerdeutschen Grenze war für die Kontrollorgane und damit das MfS von großer Wichtigkeit.

Nach Beendigung der Besuchsreise waren der Stammdienststelle Auffälligkeiten stets zu melden.

Meine Schilderungen über meine Erfahrungen zum System DDR, den Staatssicherheitsdienst, das ausgeklügelte System der inoffiziellen Mitarbeiter gehören ebenso ganz wichtig zum umfassenden Verständnis für die 40 Jahre DDR.

Meine eintägigen Einreisen in die DDR (siehe Einreiseantrag FORMULAR Anlage Blatt 3) zum Großvater und zu meiner Tante waren immer erfreulich, gleichzeitig aber auch bedrückend.

Aus den miteinander geführten Gesprächen merkte man, wie groß der Mangel an den normalen Gegenständen des täglichen Lebens war, wie es einfach an allen Ecken und Enden fehlte.

Der Grund dafür lag einfach darin, dass die damalige DDR wichtige Waren vorrangig für den Westen produzierte oder produzieren musste, um Devisen zu erhalten und damit die DDR „am Leben zu erhalten“. Und diese Waren „made in DDR“ konnten dann im Rahmen der damals anzuwendenden Zollvorschrift, der Interzonen-

Überwachungsverordnung (IZÜVO) im Rahmen einer Allgemeinen Genehmigung AG 2L nach Westdeutschland verbracht werden.

Diese Waren, z.B. Hemden und Hosen u.ä., konnte man dann in einigen Kaufhäusern „wiederfinden“.

Man spürte in den Gesprächen mit den Bewohnern des Besuchsortes, dass die Menschen unzufrieden waren, aber das auch auszusprechen sich niemand wagte, es sei denn im stillen Kämmerlein, wo einen niemand so leicht hören konnte. Die Wände hätten ja Ohren haben können, wie man auch manchmal sprichwörtlich sagte.

Diese Zeit war für mich persönlich als heranwachsender Jugendlicher in Westdeutschland ein bewegender Lebensabschnitt. Ich wünsche mir, dass diese Zeit nicht nur meinen Kindern stets in Erinnerung bleiben möge.

Meine Schilderungen zu diesem Thema sollen auch allen anderen Menschen, die Näheres zu diesem Zeitabschnitt und dem Thema DDR wissen möchten, helfen, das System DDR besser zu verstehen.

Geschichte ist nicht nur immer das, was man kurz und knapp ohne subjektive Einschätzung in den Geschichtsbüchern liest und nur unpersönlich erlebt. Aus diesen Gründen habe ich diese Zeilen allen Menschen bzw. Leserinnen und Lesern dieses Buches gewidmet, die sich diesen Themenkreis vielleicht noch einmal erschließen möchten. Nicht nur meinen Töchtern Katharina und Franziska und meinen Cousinen Hildegard und Karin.

Aber insbesondere erwähnen möchte ich nochmals meine beiden Cousinen Karin und Hildegard, die in der DDR aufgewachsen sind.

Beide sind in der DDR ihren Prinzipien treu geblieben. Sie haben aus Überzeugung nicht an der Fahnenweihe der Jugend FDJ teilgenommen und konnten deswegen somit auch keine höhere Schule besuchen.

Sie waren mithin kein Vorbild für den Sozialismus.

Teil IV
Einzelne Tagesreisen in die DDR und die dazu gefertigten Berichte, Protokolle und Aktenvermerke

Mein IM wird aufgebaut

Ich möchte hier nicht alle meine seinerzeit durchgeführten Tagesreisen zu meinem Großvater, seiner Tochter und meinen beiden Cousinen auflisten sondern nur – allgemein bezogen auf meinen IM – seine Anwerbung durch das MfS und seine Aktivitäten im Hinblick auf die von den Beamten des MfS geforderten Ausforschungsversuche beschreiben.

Die Besuchsreisen fanden statt etwa von April 1973 an und dauerten etwa bis Anfang 1978

Zu Beginn der Einreise war u.a die sog. Zählkarte DIN A5 (Anlagen Blatt 5 – 16) auszufüllen und die Angaben zum Wohnort, zum Beruf sowie zur Zielperson des Besuchs wahrheitsgemäß anzugeben, obwohl ich ja schon alle Angaben bereits bei meiner Antragstellung zur Erteilung eines Visums gemacht hatte.

Danach erfolgte die eigentliche Passkontrolle wobei mir dann ein Begleitvisum in Papierform ausgehändigt und mein Reisepass mit einem entsprechenden Vermerk versehen wurde.

Bei meiner Einsichtnahme in die Unterlagen der Stasi (Staatssicherheit) stellte ich fest, dass bei meiner Einreise auch immer sofort ein Suchauftrag (DIN-A5–Anlage, Blatt 15) – ausgefüllt mit Angaben zum Wohnort usw. – vermutlich per Telefax an das MfS gesendet wurde. Vorab wurde zugleich auch immer ein Telegramm an die zuständige Abteilung HVA Abt. IX / C zum Mitarbeiter 855 geschickt, der Hauptverwaltung beim MfS).

Bei meiner erstmaligen Einreise in die DDR am 26.09.1973 über den Grenzübergang Gerblingerode/Teistungen wurde ein operativer Ersthinweis (Anlage Blatt 4) erstellt, der eine Verbindung zu meinem Großvater dokumentierte und als Perspektive den Vermerk „... .Die Person ist im Zolldienst tätig ...“ beinhaltete.

Aus einem weiteren Vermerk ist ersichtlich, dass mir für weitere Einreisen in die DDR der Deckname „TIETZEL“ zugeteilt wurde (Anlage Blatt 5).

Die Akte Tietzel war damit angelegt, die Suche nach einem geeigneten IM für mich konnte somit beginnen.

In den Unterlagen las ich dann ein Schriftstück (Anlage Blatt 24) vom 20.03.1974, wonach die Kreisdienststelle Heiligenstadt dem MfS in Mühlhausen mitteilte, dass „ich als Angestellter beim

Hauptzollamt H. mit Dienstgrad Zollinspekteur-Anwärter arbeite und meinen Großvater besuche".

Anmerkung: Ich weiß nicht, woher die Kontrollorgane der DDR diese falschen und unrichtigen Angaben hatten. Ich hätte mir mehr Genauigkeit beim Gewinnen von Erkenntnissen gewünscht. Von mir hatten die Kontrollorgane diese Informationen nicht, obwohl doch meine Angaben in den Zählkarten und in allen meinen vorher gestellten Anträgen auf Einreise bekannt waren.

In den Unterlagen vorhanden waren auch immer Aktenvermerke und Protokollnotizen zu meinen jeweiligen Besuchen enthalten, die regelmäßig an die Abteilung VI des MfS zur PKE (Passkontrolleinheit) Worbis gingen.

Mit Schreiben vom 7.5.1976 des Grenzkommandos Süd/Aufklärung in Mühlhausen an die Bezirksverwaltung Erfurt der Stasi in Heiligenstadt (Anlage Blatt 167) wurde diese Dienststelle aufgefordert, dass man sofort die Bezirksverwaltung informieren solle, wenn es meinerseits zu einer Antragstellung auf Einreise kommen sollte.

Der Anruf sollte erfolgen an Oltn G. Aufklärung Mühlhausen.

Sehr betroffen machte mich allerdings, als ich die Kopie eines Briefes (Anlage Blatt 17-19) und die Kopie des Briefumschlags von mir an den Großvater aus dem Juli 1974 in den Unterlagen sah, dass das MfS nicht davor Halt gemacht hatte, persönliche Briefe zu öffnen.

Der beispielhaft als Anlage beigefügte Brief wurde von mir während meiner damaligen Dienstzeit bei der Grenzkontrollstelle Helmstedt Autobahn geschrieben, als ich dort im Zollwohnheim direkt an der alten B 1 neben der Grenzkontrollstelle wohnte. Dass man Pakete öffnete, war mir bekannt, aber Briefe?

Die Verletzung des Briefgeheimnisses schien die Kontrollorgane der Staatssicherheit also auch nicht besonders zu interessieren.

Da meine Post offensichtlich kontrolliert und geöffnet wurde, war es nur logisch und erklärte vieles, z.B. dass sie über meinen Dienstort Helmstedt und über meine weiteren dienstlichen Tätigkeiten Bescheid wussten.

Wie haben sich wohl all diese Menschen nach der Grenzöffnung fühlen müssen, 40 Jahre lang Pakete öffnen, Briefe öffnen, in der Privatsphäre herumschnüffeln, usw.?

Wo bleibt hier eigentlich die Aufarbeitung bzw. Auseinandersetzung mit dem System DDR?

Teil V
Anwerbung eines inoffiziellen Mitarbeiters
Mein IM

Nach dem Anlegen der Akte „TIETZEL“ durch das MfS konnte nun mit der Suche nach einem geeigneten IM für mich begonnen werden. Man schaute sich also zunächst einmal in der Verwandtschaft um:

Ganz interessant ist der Ermittlungsbericht der Kontrollorgane der DDR (Anlage Blatt 172) vom 17.06.1976. Daraus geht hervor, dass man sich entschlossen hatte, mir bei meinen künftigen eintägigen Einreisen bis auf weiteres einen IM an die Seite zu stellen.

So wurde also nachfolgend in meinem Besuchsort der Genosse RH. aufgesucht.

Dieser Genosse teilte den Mitarbeitern der Stasi mit, dass ich an einem Besuchstag meine Cousinen Karin und Hildegard von der Polytechnischen Oberschule (POS) Ershausen mit meinem Pkw abgeholt und an dem Tag auch viel im Dorf fotografiert hatte.

Weiter teilte der Genosse RH. mit, dass er im Gespräch mit meinem Großvater herausbekommen habe, … „ich würde beim Zoll arbeiten, hätte dort eine hohe Funktion inne und wäre Oberzollsekretär. (Anm.: was natürlich auch nicht korrekt war). Zolloberinspektor wäre richtig gewesen.

Die in diesem Protokoll genannte Quelle (m.E. mein IM) nahm Bezug auf den Ehemann meiner Tante.

Interessant und aufschlussreich ist in diesem Schriftstück allerdings der „Dreizeiler“ am unteren Ende des Vordrucks, mit der Anmerkung:

„...In *den* gesamten Verwandtenkreis (Rechtschreibung nicht korrekt) ist keine progressive zuverlässige Person enthalten ... das betrifft die gesamte Nachbarschaft in der Hintergasse 2-5“ ...

Was für eine infame Unterstellung hinsichtlich der Nachbarschaft, oder anders ausgedrückt, wie genau kannten die Mitarbeiter des Staatssicherheitsdienstes der DDR ihre eigenen Genossinnen und Genossen, von wem hatten sie solche Kenntnisse gewonnen, ob ihre Genossinnen und Genossen progressiv (staatstreu und dem Sozialismus treu ergeben) und zuverlässig (linientreu und systemkonform und Mitglied der SED) waren?

Doch nur durch ihre Zuträger, Informanten und Spitzel, von denen es ja zur Genüge gab. Man hatte also schon bereits im Vorfeld die Genossinnen und Genossen in der Nachbarschaft der Hintergasse 2-5 vollständig „abgeprüft“ und „katalogisiert“.

Zusammen mit den Angehörigen der Stasi wurde mit dem Genossen RH. in der Protokollnotiz vom 10.02.1977 (Anlage Blatt 183) vereinbart, meine Einreisen und mich bis auf Weiteres „... unter Kontrolle ...“ zu halten, um zu versuchen, weitere Beobachtungsergebnisse zu erlangen.

Noch interessanter las sich dann nachfolgend in den Unterlagen eine Konzeption (Anlage Blatt 186 - 189) vom 14.04.1977, wonach nunmehr der Einsatz des „zuverlässigen und überprüften IM RH“ zur Herstellung von Kontakten zu mir als Zielperson geplant war und vorbereitet wurde und mithin intensiviert werden sollte.

Die bis ins kleinste Detail geplante Konzeption sah danach vor,

- persönliche Kontakte aufzunehmen,
- den Kontakt dauerhaft zu pflegen,
- sich als getarnter Anhalter den Kontakt zu mir zu verschaffen..

Das Lesen in meinen Unterlagen wurde immer spannender.

Mit dem Genossen RH. wurde vereinbart, weitere Einreisen des TIETZEL „unter Kontrolle zu halten und zu versuchen, weitere Beobachtungsergebnisse zu erlangen“.

Jetzt kam der eigentlich spannendste Teil in den Unterlagen.

Ich habe den Ablauf und die Durchführung der Kontaktaufnahme einfach aus den Unterlagen für meinen Bericht kopiert und jeweils als Anlage beigefügt, denn nur so hilft es der Leserin/dem Leser – insbesondere auch hinsichtlich der Formulierungen – den Vorgang meiner Anwerbung durch die ostdeutschen Kontrollorgane besser zu verstehen.

Und so kann die spannende Geschichte sowie Dokumentation und die Organisation der ganzen Angelegenheit durch das MfS am besten wiedergegeben werden.

An einigen Stellen zu diesem Teil der verdeckten Annäherung an einen Westbesucher konnte ich mir ein Lachen nicht verkneifen.

War der vom MfS betriebene Aufwand eigentlich noch verhältnismäßig? Ich kam aus dem Staunen nicht mehr heraus.

Ich war doch kein Agent 007. Aber lesen Sie bitte selbst, wie die Annäherung an „TIETZEL“ erfolgte.

Beim Lesen der Unterlagen der Stasi war ich sprachlos. Nach mehrmaligem Grübeln in meinem Gedächtnis konnte ich mich nach und nach besser an diesen Vorgang erinnern.

Ja, es gab mal einen Anhalter, den ich unterwegs auf der Fahrt zu meinem Besuchsort mitgenommen habe. Niemals wäre ich auf die Idee gekommen, dass man mir damit an diesem Tag einen „Spitzel“ also einen IM ins Auto und noch dazu in mein eigenes Auto, gesetzt hatte.

Nach den Unterlagen hat demnach ein Oberleutnant (Oltn) G. entweder durch Funk oder Zeichengebung dem Genossen von der Stasi und meinem IM RH. – beide waren zusammen im Pkw am Ortsausgang positioniert – meine Abreise aus der DDR von meinen Verwandten mitgeteilt.

Also mithin in dem Moment als ich den Besuchsort Richtung Großbartloff (G.) zum Grenzübergang Teistungen verlassen habe. IM RH. spielte den Anhalter und war damit zu diesem Zeitpunkt mein eigentlicher und künftiger IM. Seine Aufgabe, mich, den TIETZEL, auszuhorchen.

Was für ein Aufwand, dachte ich mir beim Lesen meiner Akte. Der IM RH. wurde für diese Fahrt besonders geschult, erhielt eine praktische Einweisung, Aufklärung über die Charaktereigenschaften der Zielperson „TIETZEL“, ein Lichtbild derselben Zielperson und Angaben zum Pkw der Zielperson. Quittiert wurden in dem gefertigten Protokoll dazu auch der Erhalt von 25 Mark der

DDR (Anlage Blatt 189 Punkt 4) für eventuelle Spesen und evtl. zwei Funkgeräte.

Ich konnte im Moment nicht in den Unterlagen weiterlesen. Ich war perplex. Es war spannend wie in einem echten Krimi. Ich brauchte eine Pause. Was für einen Zirkus hatten die Kontrollorgane des MfS hier veranstaltet?

Ich erinnerte mich an meine Besuchsreisen in die DDR. Aber darauf, dass man jemanden auf mich angesetzt hatte, der mich während der ganzen Zeit bei meinen Besuchen in der DDR zu „betreuen“ hatte, darauf wäre ich im Leben nicht gekommen. Denn ich war zwar beruflich, insbesondere während meiner Grenzdienstzeit, Geheimnisträger, hatte auch mit „VS – Nur für den Dienstgebrauch Akten“ zu tun.

Aber darauf wurde ich bei meinen Einreisen von den Kontrollorganen der DDR nie angesprochen, noch habe ich mich jemals dazu geäußert.

Natürlich brauchte ich weitere Informationen zu dem, was ich las. Denn ich wollte herausbekommen, wer diese in den Akten bezeichneten Personen waren, ob sie eventuell noch in dem Besuchsort wohnten und was diese Personen heute machen.

Hier machte ich eine seltsame und gleichzeitig bedrückende Erfahrung.

Selbst im engsten Verwandtenkreis stieß ich zunächst auf starke Zurückhaltung. Was ich auch verstehe. Ich wunderte mich, denn schon, als ich meine Verwandten davon in Kenntnis setzte, dass ich einen Antrag auf Akteneinsicht bei der Gauckbehörde stellen würde, kam dort Skepsis und Besorgnis auf. Erst recht, als ich später einmal nach Durchsicht der Akte die Verwandtschaft mit ersten Eindrücken und Erzählungen aus der Akteneinsicht konfrontierte.

Aber nach und nach bekam ich dann doch zu bestimmten Personenangaben gezielte Hinweise durch meine Cousine, verbunden mit der Bitte, diese nicht im Dorf publik zu machen.

Teil VI
Einzelne besondere Aktenvermerke

Bericht Aktenvermerk / Notizen vom 7.5.1977 (Blatt 190-191 der Akte)

Treffpunkt des IM RH diesmal im Pkw Trabant von 15.00 bis 17.00 Uhr

IM R.H. wurde über seine Aufgaben belehrt und soll in Erfahrung bringen, wo ich eingereist wäre und bei welcher Familie ich gewesen wäre.

Als nächster Treff wurde der 16.5.1977 im Goetheweg in Mülhausen vereinbart.

Aktenvermerk vom 13.9.1977 (Blatt 199-200 der Akte)

Dokumentation meiner Einreise vom 4.9.1977 nach W.

Einreise gegen 09.30 Uhr, Einsatz des IM RH. der zwecks Kontaktierung am Ortsausgang von Gr. eingesetzt wurde.

Im Laufe des Tages fuhr IM RH. danach durch das Dorf und stellte fest, dass sich mein Pkw auf dem Hofe des P. befand.

Und zwar ein neuer blauer Pkw, vermutlich Ford Taunus. Auch hier sei eine Bemerkung von mir angebracht, dass die Stasi sich mit Westautos nicht so auskannte und allgemein die von meinem IM abgegebenen Ermittlungsergebnisse doch oft recht ungenau waren.

Wie ich schon einmal in meinem Bericht erwähnt habe: Die Kenntnisse der Kontrollorgane der DDR über Westautos allgemein und die Genauigkeit der Ermittlungen im Besonderen ließen stets zu wünschen übrig. In meinem Fall war es ein Opel Manta.

Gegen 17.00 fuhr dann mein IM erneut durch das Dorf und stellte fest, dass das Auto nun nicht mehr auf dem besagten Hofe stand.

IM RH. brach dann die Maßnahme ab. Die Ausreise wurde später um 19:55 Uhr bestätigt.

Weiterhin wurde vom IM RH. berichtet

- ich war mit „beiden Töchtern (meine Cousinen) des P auf dem Sportplatz des Dorfes“
- ich habe den Sportplatz gegen 16.00 verlassen
- ich habe das Dorf gegen 18.00 Uhr mit meinem Pkw verlassen

Zu diesem meinem Besuch gibt es noch einen Bericht der HA I / Grenzkommando Süd UA Aufklärung Mühlhausen, worin nochmals die Art und Weise der Kontaktierung des IM RH. mit mir besprochen wurde.

Aktenvermerk vom 23.09.1977
(Blatt 203-204 der Akte)
Es kam zu einem erneuten Treffen der Kontrollorganc der Staatssicherheit der DDR mit meinem IM RH.

Es diente der Neubewertung der Observierung und der Besprechung der künftigen Vorgehensweise.

Was mich dann wieder zum Lachen brachte, war der Teil des Vermerks, in dem der IM RH. für „seine Einsatzbereitschaft" am 4.9.1977 mit einer Prämie von 50,00 M ausgezeichnet wurde.

Wobei ich mich an dieser Stelle gefragt habe, waren es 50,00 DM oder 50 Mark der DDR.

In dem Bericht vom 07.05.1977 tauchten ja zum ersten Mal genaue präzise Details über meinen IM RH auf.

Mein IM hatte

- an einem internationalen Studentenlager in der Mongolischen Volksrepublik teilgenommen
- dort eine sog. Beobachterfunktion (Kontrolle? Überwachung? Spitzeltätigkeit?)
- beobachtet, dass der „Ablauf des internationalen Studentenlagers „störungsfrei“ erfolgte und „keine negativen Faktoren“ aufgetreten seien.

Weiterhin teilte mein IM RH nun im o.a. Aktenvermerk vom 23.9.1977 ergänzend dem MfS mit,

dass er inzwischen ein Forschungsstudium an der Pädagogischen Hochschule (PHS) in M. begonnen habe und deshalb seine „Legende“ geändert werden müsse.

Auf jeden Fall werde er sich immer für weitere Einsätze bereithalten.

IM F. teilte in diesem Zusammenhang noch mit, dass in seinem Arbeitszimmer an der pädagogischen Hochschule auch immer der Dozent P. sitze.

Deswegen wurde die „Legende“ von IM RH. erneut verändert.

Telefonate sollten künftig unter dem Decknamen „Göpel, Bezirksleitung der FDJ“ erfolgen.

Natürlich war es auch notwendig, irgendwie den P. auch in die ganze Sache einzuweihen.

So ist auf der zweiten Seite des Berichts im letzten Absatz zu lesen:

„Ziel: Aufklärung des Dozenten P an der PHS M.“

Ein weiteres Treffen wurde vereinbart. 5.10.1977 15.00 KW „Mühle“.

Teil VII
Versuch der „Installierung" eines weiteren IM als StP P.

(Blatt 212 -213 der Akte)

Die Kontrollorgane der DDR hatten also vor, mich noch mehr in ihre Obhut zu nehmen. Es sollte jemand aus der Verwandtschaft diese Aufgabe übernehmen. Diesmal kein weiterer IM, sondern ein fester Stützpunkt (StP), ein sog. IM in der Verwandtschaft.

Nach dem bisherigen Durchlesen meiner Akte war mir durchaus klar, dass man mir mit der Bezeichnung „RH" einen IM zur Seite gestellt hatte.

Er war ja auch sehr gut beschrieben. Ich konnte mir dadurch bei meiner Cousine nähere Informationen zu dieser Person einholen.

Und siehe da, meine Cousine kannte diesen Menschen, zeigte mir, wo er wohnte. Gerne hätte ich mich mit ihm einmal unterhalten, aber das habe ich bis heute nicht getan. Ich wünschte mir, ich hätte die Gelegenheit dazu oder man würde mir dazu die Gelegenheit einmal – noch in meinem Leben – anbieten. Aber Vorsicht ist die Mutter Porzellankiste.

Aber dann, beim Lesen der Seite 212 (Blatt 212 und 213 der Anlage) meiner Akte, lief mir ein kalter Schauer über den Rücken. Das konnte doch nicht wahr sein.

Reichte den Kontrollorganen der DDR ein IM nicht? Nein. Nun hatte man also doch innerhalb der Verwandtschaft den StP P. ausfindig gemacht, der sich evtl. bereit erklären könnte, innerhalb der Verwandtschaft nunmehr zusätzlich als Informant zu arbeiten.

StP P. sollte innerhalb der Familie eingesetzt werden, denn er gehörte außerdem zum engeren Kreis der Verwandtschaft.

Der STP P. wurde am 21.07.1978 im VEB Eichsfelder Obertrikotagenwerk in Ershausen in dem eingerichteten Arztzimmer aufgesucht und befragt.

Aus diesen seinen persönlichen Angaben zu seinen weiteren Verwandten im Westen wusste ich nun ganz genau, wer die Person war. Es konnte sich nur um eine ganz bestimmte Person handeln.

Die Angaben dazu in diesem Bericht (Blatt 212 der Anlage)

- Rentenalter erreicht
- Reisemöglichkeiten nutzen
- Bruder in Düsseldorf
- Verwandte in Desingerode
- der Schwager dort Paul Theele usw.

reichten aus, um diese Person einwandfrei identifizieren zu können.

Ein weiteres Treffen wurde für August 1978 vereinbart.

Das hat mich im ersten Moment sehr verletzt. Aber zu der im letzten Absatz des Berichts von der 25.07.1978 vereinbarten Treffdurchführung kam es dann aus welchen Gründen auch immer nicht mehr. Denn ich stellte meine weiteren eintägigen Besuche in die DDR im Jahr 1978 nach und nach ein.

Somit hatte man also versucht, mir eine Laus direkt in den Pelz zu setzen. War ich wirklich für die Stasi eine dermaßen wichtige Quelle für Informationsbeschaffung? Wie weit war die Stasi bereit zu gehen?

Waren sogar Menschen innerhalb der Verwandtschaft in der engsten familiären Umgebung bereit, für die Stasi Informationen zu beschaffen? Evtl. auch für bestimmte Vorteile?

Ich fühlte mich betrogen und ausgehorcht. Eine große Enttäuschung kam über mich. Während meiner Besuchsreisen bei meinen Verwandten saß diese Person immer mit am Tisch. Was für eine Dreistigkeit.

Nach den Unterlagen der Stasi endeten meine Tagesreisen in die DDR nach und nach. Daher stellte das MfS vermutlich aus diesen Gründen seine Nachforschungen über „TIETZEL“ gemäß Bericht vom 04. Oktober 1978 (Blatt 216 und 217 der Akte) Ende 1978 ein. Sowohl IM RH. als auch StP. P. wurden für weitere Nachforschungen nicht mehr benötigt.

Wie hatte sich das MfS elegant in dem als „Streng geheim!“ bezeichneten Vermerk für das Zentralarchiv ausgedrückt: Ich war nunmehr keine operativ interessante Person und war für eine weitere „Bearbeitung“ durch das MfS keine lohnenswerte Perspektive mehr.

Wer weiß, vielleicht hätte ich ja noch ein ganz wichtiger Agent bzw. Spion werden können. Leider nicht.

Zu der erwähnten und geschilderten Anwerbung eines Familienmitgliedes aus dem engeren Kreis möchte ich allerdings nicht unerwähnt lassen, dass es sich nur um einen Versuch gehandelt haben kann und sich die Person sicherlich in einer aussichtslosen oder ausweglosen Lage befunden haben mag angesichts vermutlicher drohender Repressalien (keine Ausreisen mehr in den Westen) seitens der Stasi. Schon allein deshalb mache ich dieser Person aus dem engsten Familienkreis auch nicht im Geringsten einen Vorwurf.

Teil VIII
Das Ende der DDR

Eigentlich endet damit meine Geschichte zu meinem IM RH. und StP. P.

Aber es würde etwas in meiner Abhandlung fehlen, wenn ich nicht noch auf einen weiteren interessanten Fortgang der Geschichte hinweisen würde.

Der nachfolgende Einigungsprozess hatte ja auch zur Folge, dass man sich irgendwie „angleichen" musste.

Und das war im Sinne der Bundesregierung so angedacht, dass sich die nunmehr ehemalige DDR an uns, an unsere Arbeitsweise, angleichen sollte auf allen Ebenen, sprich in der Verwaltung, in der Wirtschaft ebenso wie auch auf allen anderen Gebieten hinsichtlich Legislative, Judikative und Exekutive.

So wurde dann z.B. die Treuhandanstalt eingerichtet.

Auf der Verwaltungsebene galt es, alle Verwaltungsbereiche der Legislative und Judikative z.B. möglichst schnell auf unser „System umzustellen".

Und so pendelten viele Beamte aus dem Westen in Richtung Osten, um dort beim Aufbau einer westlich und am Leistungsprinzip ausgerichteten

Verwaltung mitzuhelfen. Zu dieser Zeit entstanden neue Wortschöpfungen wie „Buschgeld, Buschzulage, Ossis, Wessis“ usw. Neu für uns Westdeutsche war u.a. auch der Begriff für das Gebiet, es wurde in der alten DDR stets „Territorium“ genannt.

Und ich lernte sogar bei meinem mehrmonatigen „Buscheinsatz“ beim Hauptzollamt Halle diejenigen der Genossinnen und Genossen kennen, die meine bzw. unsere Pakete und Briefe beim Paketzollamt Halle geöffnet hatten. Und mit denen saß man nun gemeinsam in einer Kantine im Osten, um die für uns ungewohnte, aber lecker schmeckende Soljanka zu schlürfen.

Der Austausch von Wissen erfolgte jedoch auch in anderer Richtung. Viele ehemalige Grenzbeamte und Kontrollorgane der DDR wurden nun zu den Dienststellen im Westen abgeordnet, um dort praktische Erfahrung zu sammeln.

Dass es für uns Wessis nicht immer einfach war, plötzlich den Genossinnen und Genossen des Kontrollapparates der Stasi gegenüberzustehen und in die Augen zu schauen, die man sonst nur aus den beklemmenden Abfertigungsmomenten heraus oftmals stillschweigend erdulden musste, mag wohl jeder Außenstehende gut verstehen.

Und so wiederholt sich Geschichte immer wieder. Oder, anders ausgedrückt, oftmals holt einen die Geschichte immer wieder ein.

Die Einsichtnahme in meine Unterlagen der Staatssicherheit der DDR hat mir geholfen, über einen bestimmten Zeitabschnitt meines Lebens einen nunmehr vollständigen Einblick bekommen zu haben.

Natürlich wünsche ich mir, dass ich evtl. auch die in meinem Bericht in Erscheinung getretenen Personen mal persönlich kennenlernen könnte. Meinen IM StP. P kenne ich schon seit längerer Zeit.

Natürlich ist man in so einem Moment doch recht erstaunt, wenn nicht sogar erschüttert, dass man sogar von netten Bekannten innerhalb der Verwandtschaft in der DDR beobachtet und überwacht wurde.

Denn das gehört doch m.E. irgendwie im Rahmen einer notwendigen Aufarbeitung dieses Kapitels der zeitweisen Überwachung durch einen IM des MfS durch ein Gespräch mit diesen Personen über ihre seinerzeitigen damaligen Gefühle bei den Überwachungsaufträgen damals und heute einfach dazu, um abschließen zu können. Um seinen Frieden zu finden.

Das ist bisher allerdings nicht geschehen.

Teil IX
Die DDR; ein Unrechtsstaat?

Dieses Thema wurde in der Vergangenheit schon oft heftig im Bundestag diskutiert, war ein Thema lange Zeit in den Medien und wird auch heute noch ab und zu wieder in den Fokus gerückt. Alle Parteien und Politiker egal, welcher Parteizugehörigkeit haben dazu ihre verschiedenen Standpunkte dargelegt.

Auch ich möchte gerne dazu meine Meinung abgeben. Es gehört m.E. einfach dazu, um meine Erzählungen zu meinen Erlebnissen hinsichtlich meiner Verwandtschaftsbesuche in der DDR und hinsichtlich meiner Überwachung während meiner eintägigen Besuche mit dieser meiner persönlichen Meinung vollständig abzuschließen.

War die DDR ein Unrechtsstaat?

Ausgangspunkte für mich, um diese Frage beantworten zu können, war das von mir persönlich Erlebte.

Die Kontrollorgane der Staatssicherheit der DDR hatten stets die Geschenkpakete an meine Verwandten geöffnet und Sachen herausgenommen. Das war bzw. ist noch heute der objektive Tatbestand des Diebstahls.

Ist das gerecht, wenn man einem eine fremde bewegliche Sache wegnimmt in der Absicht, sich diese anzueignen?

Ebenso haben die Kontrollorgane der Staatssicherheit der DDR meine Briefe geöffnet. Das stellt sich als objektive Verletzung des Briefgeheimnisses dar. War das rechtmäßig?

Meine beiden Cousinen hatten nicht an der Fahnenweihe der FDJ teilgenommen und konnten „zur Strafe“ somit auch nicht mehr eine höhere Schule, die damalige Polytechnische Oberschule, besuchen. War das gerecht?

Die Enteignung der Ländereien meines Großvaters war ebenso Unrecht.

Wie stand es allgemein mit den Grundrechten?

Recht auf freie Wahl des Arbeitsplatzes? Freizügigkeit im Hinblick auf Reisen, Meinungsfreiheit?

Oder wenn ich an die vielen Menschen denke, die Fluchtversuche unternommen haben, teilweise crfrculicherweise mit gutem Ausgang, iiberwiegend bedauernswerterweise jedoch mit tödlichem Ausgang.

Wenn man persönlich im Dienst als stcllvertretender Zollkommissar erlebt hat, wie Menschen bei Fluchtversuchen, von den Selbstschussanlagen an dem Grenzzaun schwer verletzt, sich gerade noch auf westdeutsches Gebiet retten konnten und dort von Zollbeamten vor Ort unter Einsatz ihres Lebens notfallmäßig versorgt und gerettet wurden.

Ich denke, dass man dann nur zu dem einen Ergebnis kommen kann, die DDR war ein Unrechtsstaat.

Und das sollte man niemals vergessen. Ich wünsche mir, dass meine Erzählungen dazu beitragen, das alles nicht zu vergessen.

Anlagen

Protokollnotizen des MfS
Abkürzungen u. Bezeichnungen
Auszüge aus den Unterlagen der Stasi
-Blatt 3 – 217
Erklärungshilfe zum Aufbau des MfS

Zu Teil 3 und 4

Zu Teil 6

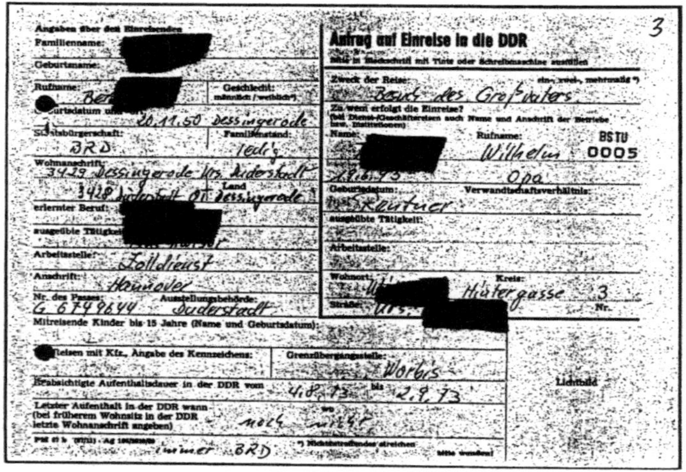

3

Antrag auf Einreise in die DDR

Bitte in Blockschrift mit Tinte oder Schreibmaschine ausfüllen

Angaben über den Einreisenden

Familienname:

Geburtsname:

Rufname: Ber

Geschlecht: männlich / weiblich*)

Geburtsdatum und -ort: 20.11.50 Dessingerode

Staatsbürgerschaft: BRD

Familienstand: ledig

Wohnanschrift: 3429 Dessingerode Krs. Duderstadt

Land: 3428 Duderstadt OT Dessingerode

erlernter Beruf:

ausgeübte Tätigkeit:

Arbeitsstelle: Zolldienst

Anschrift: Hannover

Nr. des Passes: G 6749644

Ausstellungsbehörde: Duderstadt

Mitreisende Kinder bis 15 Jahre (Name und Geburtsdatum):

Reisen mit Kfz., Angabe des Kennzeichens:

Grenzübergangsstelle: Worbis

Beabsichtigte Aufenthaltsdauer in der DDR vom 4.8.73 bis 2.9.73

Letzter Aufenthalt in der DDR wann (bei früherem Wohnsitz in der DDR letzte Wohnanschrift angeben) wo: noch nicht

immer BRD

Zweck der Reise: ein-, zwei-, mehrmalig*) Besuch des Großvaters

Zu wem erfolgt die Einreise? (bei Dienst-/Geschäftsreisen auch Name und Anschrift der Betriebe bzw. Institutionen)

Name:

Rufname: Wilhelm

BSTU 0005

1.10.93

Opa

Geburtsdatum:

Verwandtschaftsverhältnis:

Rentner

ausgeübte Tätigkeit:

Arbeitsstelle:

Wohnort:

Kreis:

Straße: Krs.

Hütergasse 3

Nr.

Lichtbild

*) Nichtzutreffendes streichen

Bitte wenden!

3

4

BStU
0006

Hauptabteilung I
Grenzkommando-SÜD
U- Aufkl. ███████
Mühlhausen

Mühlhausen
███████, den 26.09.1973

Operativer Ersthinweis

Durch Antrag auf Einreise wurde bekannt, daß die Person:

T h e e l e, Bernward
20.11.1950 Dessingerode
3429 Dessingerode Krs. Duderstadt
Finanz-Awisor [illegible]
Zollamt Hannover
Reisepaß Nr.: G 6749644

Verbindungen persönlicher/postalischer Art zu:

T h e e l e, Wilhelm
19.06.1893
Rentner
Wilbich, Hintergasse 3

unterhält.

Perspektive des Materials:
Die Person ist im Zolldienst tätig.

5

- 2 -

0007

Folgende Erstmaßnahmen werden durchgeführt:

- Ergänzung der Personalien
- × Überprüfung in Abteilung XII
- × Erfassung der Personen im OV ~~2090/69~~ 2597/62 Zielperson Bl. 14/1
- Einleitung H-Maßnahmen
- Überprüfung ASR
- Überprüfung in RF-Kartei
- Überprüfung bei PZF
- Erstermittlungen zur DDR-Person
- ....
- ....
- ....

Im Ergebnis der Durchführung og. Maßnahmen wird ausgehend von der weiteren Perspektive des Materials über die Weiterbearbeitung entschieden und ein Plan der weiteren Bearbeitung erstellt.

Termin: ..30.10.1973........

Der Hinweis erhält den Decknamen ..Tietzel.......................

Um Bestätigung der Bearbeitung des Ersthinweises wird gebeten.

op. Mitarbeiter

Kunath [Unterschrift]

bestätigt:

Leiter der Unterabteilung

[Unterschrift]

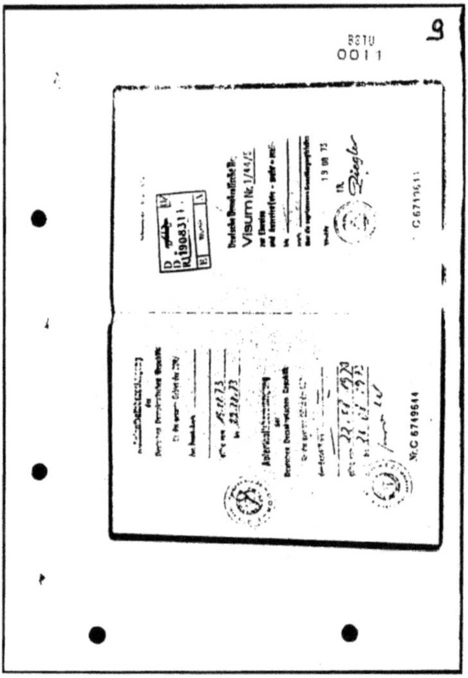

12

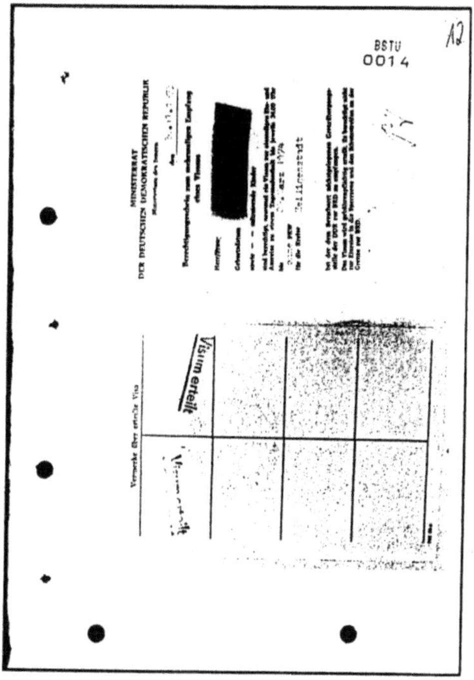
BSTU
0014
MINISTERRAT
DER DEUTSCHEN DEMOKRATISCHEN REPUBLIK
Visum erteilt
Visum erteilt

15

Operative Auskunft vor unbefugter Einsichtnahme sichern! 15

Mit Maschine oder Druckschrift ausfüllen

Sondervermerke .... bestätigt

MfS/BV/Verw. HA/I GKS-Aufkl. Datum 20.09.73

HA/Abt./KD UA-Aufkl. Mühlhausen

Mitarbeiter Kunath Tel.-Nr. 8667

Suchauftrag – Original

Name	
Geburtsname/ weitere Namen*)	
Vorname	
geb. am	20.11.50 in
Staatsangehörigkeit	BRD

Anschrift 342

Beruf/ Tätigkeit Finanzawisor

Arbeitsstelle Zoll Hannover

Hinweise zur Überprüfung Überprüfung

BStU 0015

*) unbedingt angeben

Unterschriftsberechtigter

Form 10 K 346 ...

16

DEUTSCHE DEMOKRATISCHE REPUBLIK

Ministerium für Auswärtige Angelegenheiten

Anlage zum Paß

Nr.

für Bürger der Bundesrepublik Deutschland

Visum

zur einmaligen Einreise für einen Tagesaufenthalt
in Kreisen laut Berechtigungsschein
und Ausreise bis 24.00 Uhr des Ausstellungstages
über die gleiche Grenzübergangsstelle der DDR
zur BRD

i.A. Berger

DDR
STADT HELMSTEDT
Alte Universität

18

Liebe Ulbrichs

Viele Grüße aus Helmstedt von Bernd. Ich habe ja lange nichts mehr von mir hören lassen.

Ich bin heute den 1. Tag wieder im Dienst. Ich war für 14 Tage zu Hause. Ich habe einfach mal Urlaub gemacht.

Detlef ist jetzt ziemlich oft in Brokdorf bei einer [illegible]. Und oft am Wochenende. Ich nehme an, daß er dieses Jahr heiraten wird. Ich nehme es aber nur an. Denn Detlef u. Christiane suchen sich gerade einen Bauplatz. Wissen aber noch nicht, wo sie mal bauen wollen.

Mama hat etwas geerbt. Sie war ein Patenkind von Tante Sophie. Sie ist letzte Woche verstorben und hat so ungefähr 50.000 DM hinterlassen. Nun sind aber 13 Erben da. Tante Ursel erbt auch. Nach Abzug von Unkosten bekommt jeder etwa so 4000 DM. Damit hatte keiner gerechnet.

Vorerst kann von uns wohl keiner in die DDR zu Euch kommen. Denn ich habe erst vor 14 Tagen meine Anträge ausgefüllt und dann weggeschickt. Für Tante Ursel auch. Papa hatte ja so viel Zeit aber er hatte noch keine Anträge eingereicht. Er hätte es ja auch schon längst machen können aber was soll man da machen!

Jedenfalls hoffen wir, daß wir Euch abwechselnd zu Ostern einmal besuchen können. Wir hatten ja schon so ein schönes Wetter in letzter Zeit, aber seit gestern ist der Winter wieder eingekehrt.

Den Bielefeldern habe ich auch geschrieben. Mal sehen ob sie jetzt wenigstens mal antworten.

Papa ist jetzt in letzter Zeit auch ziemlich oft unterwegs.

mal zu Essen, und nächste Woche muss er nochmal nach Essen.

Die 14 Tage zu Hause waren sehr schön. Jeden Tag hatte ich das zu essen was ich gerne haben wollte und habe danach den Speisezettel für 2 Wochen gemacht. Schönes Wetter hatte ich auch und bin dementsprechend viel und oft spazieren gegangen.

Sonst hat sich bei uns nicht viel geändert. und alles ist noch beim Alten.

Deshalb möchte ich für heute schließen.

Viele liebe Grüße an die beiden Kleinen Karin und Hildegard. Hoffentlich machen die beiden auch noch immer fleißig ihre Hausaufgaben und passen in der Schule auf. Denn wenn ich Euch dann wieder mal besuchen komme, dann möchte ich keine Klagen hören. Sonst....!

Auch viele liebe Grüße an Opa.

Es grüßt Euch herzlichst,
Euer Bernd.

PS: Entschuldigt bitte die Schrift!

2!
24

BStU
0033

Bezirksverwaltung für Staatssicherheit Erfurt
Kreisdienststelle Heiligenstadt

Heiligenstadt, 20.03.74
Gr - Tgb.Nr.: /74

Ministerium für Staatssicherheit
Hauptabteilung I/Abwehr

<u>Mühlhausen</u>

Angehöriger des BRD-Zoll
<u>Information der PKE Worbis vom 3.3.74</u>

Lt. obiger Information der PKE Worbis ist der

Theele, Bernward
20.11.50 in Desingerode
3429 Desingerode, Kr. Göttingen, Hauptstr. 20

Angestellter beim Hauptzollamt Hannover mit Dienstgrad Zollinspekteur-Anwärter. und weilte auf Tagesaufenthalt

bei seinem Onkel
Theele, Wilhelm
Wilbich, Hintergasse 2.

Vorgenannte Information übersenden wir Ihnen zur Kenntnisnahme und Auswertung.

Dienststellenleiter

<u>Anlage</u>
1 Information PKE

Meyer
Major

172

HA I / Grenzkommando SÜD
UA Aufklärung Mühlhausen

Mühlhausen, den 17.06.1976
Gö.

BSTU
0262

E r m i t t l u n g s b e r i c h t

zum op.Material "Tietzel"-Reg.-Nr.XVIII 2597/62 in der Ortschaft W[illegible]

Am 07.05.1976 wurden in der Ortschaft [illegible] Ermittlungen beim zuständigen ABV, Gen. Ltn. H[illegible] geführt. Den Ermittlungen ging eine Absprache mit dem zuständigen OM der KD Heil[illegible] Gen. [illegible] voraus.

Die Quelle berichtete über weitere Verbindungen innerhalb der Verwandtschaft des F[illegible] sowie über zwei stattgefundene Einreisen der Zielperson.
In Bezug auf die letztgenannte Tatsache wurde bekannt:
-es erfolgten zwei Einreisen T[illegible], eine am 27.03.1976 sowie eine Einreise zu Ostern. Diese Einreisen erfolgten auf der Basis VTA mit dem KFZ-VW Gö JE 768 des T[illegible] bei der erstgenannten Einreise konnte der ABV einige Beobachtungen führen und stellte dabei fest, daß die Zielperson die Kinder des L. [illegible] von der POS Ershausen von der Schule abholte. Dabei nutze er sein KFZ. Weiter konnte festgestellt werden, daß Theele viel mit dem Fotoapparat im Dorf unterwegs war und fotografierte. Einige Tage nach der genannten Einreise erfuhr der ABV bei einem Gespräch auf der Dorfstraße mit dem Antragsteller [illegible] daß sein Neffe in der BRD wäre und beim Zoll wäre und dort eine hohe Funktion innehat. Den Dienstgrad bezeichnete [illegible] dabei als Oberzollsekretär.

-Die zweite Einreise erfolgte offensichtlich zum Ostersonntag. [illegible] war wiederum allein. Weitere Feststellungen konnte durch die Ermittlungsperson nicht getätigt werden.

Im weiteren wurden Ermittlungen zum Verwandtschaftskreis des [illegible] geführt.

In den gesamten Genannten Verwandtenkreis ist keine progressive, zuverlässige Person enthalten. Das betrifft auch die gesamte Nachbarschaft in der Hintergasse 2-5.

[illegible], Oberleutnant

183

18

HA I / Grenzkommando-SÜD
UA Aufklärung Mühlhausen

Mühlhausen, den 10.02.1977

9

BStU
0273

A k t e n v e r m e r k

Am 10. 02. 1977 wurde betreffs der Feststellung evtl. neuer Momente im operativen Material "Tietzel" der ABV von Wilbich, Gen. ███ aufgesucht.
Er berichtete, daß ihm zwischenzeitlich keine weiteren Einreisen von ███ bekannt geworden sind.
███
Weitere Beobachtungsergebnisse konnte Gen. ███ nicht feststellen. Anderweitige Kontakte zu anderen Personen in ███ bzw. verwandtschaftliche Verbindungen konnten ebenfalls nicht festgestellt werden.
Mit Gen. ███ wurde vereinbart, daß er weitere Einreisen der Fam. ███ unter Kontrolle hält und versucht, entsprechende Beobachtungsergebnisse zu erlangen. Anderweitige oder weitergehende Maßnahmen wurden nicht vereinbart.

Maßnahmen

- Einleitung von Fahndungsmaßnahmen zur Zielperson an der GÜSt Worbis.
- Überprüfung von Zählkarten zur Feststellung erfolgter Einreisen der Zielperson sowie der gesamten Familie an der KD Heiligenstadt.

Götze
Oltn.

186

BStU
0277

HA I / Grenzkommando-SÜD
UA Aufklärung Mühlhausen

Mühlhausen, den 14.04.1977
Gö/Ho

K o n z e p t i o n

zur Kontaktierung der Zielperson "Tietzel", Operatives Material "Tietzel", Reg.Nr.: XVIII 2597/62 durch den IM /Werber-Instrukteur [geschwärzt], Reg.Nr.: XVIII 3435/74

Bei der Zielperson "Tietzel" handelt es sich um einen 26-jährigen Angehörigen des GZD, der zu Verwandten in die Ortschaft Wilbich, Kreis Heiligenstadt einreist.
Aus dem Verwandtschaftskreis des "Tietzel" eignet sich keine Person als Stützpunkt.
Um die Bearbeitung des Materials zu aktivieren, soll der Einsatz des zuverlässigen und überprüften IM "[geschwärzt]" zur Herstellung des Kontaktes zur Zielperson erfolgen.

1. Zielstellung der Maßnahme

- Aufnahme des persönlichen Kontaktes durch den IM "[geschwärzt] zu "Tietzel" mit der Perspektive der Sicherung eines dauerhaften Kontaktes.

2. Ablauf der Kontaktierung

- Die Grundkonzeption der Kontaktaufnahme besteht darin, daß der IM "[geschwärzt]l" als Anhalter Kontakt zur Zielperson "Tietzel" während eines DDR-Aufenthaltes ~~dieser~~ aufnimmt und versucht, Grundlagen für einen Ausbau dieses Kontaktes zu schaffen.

  Zu diesem Zwecke wurde "Tietzel" an der GÜSt Worbis in Fahndung gestellt, um Kenntnisse über dessen Einreisen zu erhalten. Die Kontaktierung soll bei der Ausreise des "Tietzel" aus der DDR erfolgen.
  Bisher sind keine weiteren Besuchsorte des "Tietzel" außer der Ortschaft [geschwärzt] Kreis H[geschwärzt] bekannt.

- Nach dem Eintreffen des Fahndungshinweises zur Einreise der Zielperson erfolgt auf der Grundlage des Verbindungswesens die Verständigung des IM zur Sicherstellung der Maßnahme.

18

- Gegen 14.00 Uhr erfolgt die Abfahrt zum Einsatzort unter Teilnahme des Leiters der UA, Gen. Major [geschwärzt], dem OM, Oltn. [geschwärzt] und dem IM "[geschwärzt]", wobei 2 PKW genutzt werden.
  Bei der Festlegung des Zeitpunktes wurde davon ausgegangen, daß die Zielperson in der Vergangenheit in den späten Nachmittags- bzw. frühen Abendstunden aus der DDR ausreiste.

- Gegen 14.30 Uhr bezieht der OM, Oltn. [geschwärzt] mit einem PKW den vorgesehenen Beobachtungspunkt, Ortsausgang W[geschwärzt] Straße Richtung G[geschwärzt], mit der Aufgabe, rechtzeitig den Zeitpunkt der Abfahrt der Zielperson aus Wilbich festzustellen und dies evtl. über Funk oder Zeichengebung dem IM an seinem Standort zu signalisieren.

- Der Standort des IM und des Gen. [geschwärzt] befindet sich gedeckt am Ortsausgang des Nachbarortes von W[geschwärzt] G[geschwärzt] der Straße in Richtung Dingelstädt (Sportplatz).

- Der IM versucht bei Annäherung des "Tietzel" mit PKW als Anhalter von der Zielperson mitgenommen zu werden undtäuscht große Eile und Notwendigkeit mitgenommen zu werden, vor. In der ersten Unterhaltung im PKW mit "Tietzel" äußert er sich sehr zufrieden über die Mitnahme und bedankt sich mehrmals im Gespräch.

- Als nähere Begründung gibt der IM an, daß er nach Leinefelde möchte und von hier weiter per Anhalter nach Nordhausen. Er ist dort als Praktikant am Institut für Lehrerbildung und muß auf Grund einer wichtigen Prüfung termingerecht zurück. Er hatte sich, so gibt er auf Befragen an, in G[geschwärzt] bei Bekannten (Fam. Koch) aufgehalten.

- Der IM befragt daraufhin die Zielperson, wo er herkommt, ob er zu Besuch hier war. Geht "Tietzel" darauf ein und erzählt er, daß er in [geschwärzt]ar, äußert der IM, daß er in diesem Ort auch einige Leute kennt und ob er seine Verwandten vielleicht kennt. Fällt der Name "[geschwärzt] sagt der IM, daß es doch wohl in Wilbich mehrere Familien mit diesem Namen gibt.
  Insgesamt ist es das Ziel des IM, bei diesem Unterhaltungskomplex mit "Tietzel" in Erfahrung zu bringen, bei wem dieser zu Besuch war, um perspektivisch unter Einschaltung des IM über diese Person Kontakt zur Zielperson herzustellen. (dazu gesonderter Plan)

- Der IM bringt nochmals zum Ausdruck, daß er sehr froh darüber ist, daß er mitgenommen wurde und ab Leinefelde versuchen wird, einen weiteren PKW nach Nordhausen per Anhalter zu erreichen.
  Er bietet "Tietzel" an, daß er sich gern mit einer Kleinigkeit bedanken möchte und versucht, auf diese Weise zum Adressenaustausch zu gelangen.

- In diesem Fall gibt "[geschwärzt] eine vorbereitete Deckadresse in Mühlhausen an mit der Bemerkung, daß er dort in Untermiete wohnt.

- "[geschwärzt] stehen für dieKontaktierung des "Tietzel" maximal 25 Minuten Fahrzeit bis Leinefelde zur Verfügung.

- Die gesamte Fahrzeit bis Leinefelde nutzt der IM darüberhinaus zum intensiven Persönlichkeitsstudium des "Tietzel".

- "[geschwärzt] läßt sich in Leinefelde in der Nähe der Bahnunterführung absetzen und deutet das Warten auf einen weiteren PKW Richtung Nordhausen an.

3. <u>Vorbereitung der Maßnahme</u>

- [geschwärzt] wird bei mehreren Treffs mit dem Ablauf der Maßnahme und seinen speziellen Aufgaben vertraut gemacht.

- Er erhält die notwendigen Hinweise zur Person soweit dies im Rahmen der Konspiration möglich ist. (Alter, bisher bekannte Charaktereigenschaften, Angaben zum PKW, ein Lichtbild der Zielperson)

- Mit dem IM erfolgt eine praktische Unterweisung am Einsatzort, den Einsatzweg sowie zur Ortschaft G[geschwärzt] und W[geschwärzt]

- "[geschwärzt]" erhält einen Pseudonamen sowie eine DA ausgehändigt. Die DA wird unterwiesen hinsichtlich der Abdeckung des angeblich bei ihr in Untermiete wohnenden IM sowie zur Feststellung evtl. Nachfragen nach dem Untermieter; weiterhin zum evtl. Posteingang für den IM.

4. <u>Materielle Sicherstellung der Maßnahme</u>

- 2 PKW der UA
- ca. 25,-- M zur Ausrüstung für den IM bei evtl. Ausgaben während der Maßnahme.
- evtl. 2 Funkgeräte

Oltn.

190

HA I / Grenzkommando Süd
UA Aufklärung Mühlhausen

Mühlhausen, 7. Mai 1977

BSTU
0281

B e r i c h t

zur Treffdurchführung mit dem IM/Werber-Instrukteur ████ ████ am 05.05.1977

Am 05.05.1977 erfolgte in der Zeit von 15.00 - 16.00 Uhr ein Treff mit dem IM/Werber-Instrukteur "Richard Hertel".
Zur Treffdurchführung wurde der PKW "Trabant" der UA genutzt.
Der Treff erfolgte außerhalb Mühlhausens abseits der Straße in Richtung Eigenrieden.

In einem politischen Gespräch wurde Bezug genommen zu dem Besuch der mongolischen Partei- und Regierungsdelegation in der DDR. Der IM zeigte sich darüber sehr erfreut und brachte Verbindungen zu seinem mehrwöchigen Aufenthalt in der MVR 1976 zum Ausdruck. Besonders angetan zeigte er sich von der Gastfreundschaft, die er in der MVR erfahren hat und der IM brachte zum Ausdruck, daß trotz schwerster Arbeit und Witterungsbedingungen er jederzeit gern wieder in die MVR fahren würde.

Im weiteren Verlauf des Treffs wurden auf der Grundlage der Konzeption zur Kontaktierung der Zielperson "Tietzel" und auf der Basis der praktischen Einweisung des IM weitere theoretische Hinweise und Verhaltensweisen für den IM gegeben.
Der IM erhielt Hinweise zu dem Teil der Gesprächsführung mit der Zielperson, nachdem er durch diese in deren PKW aufgenommen wurde.
Ihm wurde mitgeteilt, daß er als Legende für seinen Aufenthalt, eine Fam. Koch in Großbartloff angeben kann, wenn es im Gespräch notwendig erscheint.
Als Ziel seiner Aufgabe wurde dem IM formuliert, daß in Erfahrung gebracht werden muß, wo die Zielperson eingereist war und bei welcher Familie, damit ein Anknüpfungspunkt für spätere Kontaktaufnahmen über diese zur Zielperson vorhanden ist.
Dem IM wurden weiterhin taktische Hinweise zur Gesprächsführung mitgeteilt.

Er gab zu verstehen, daß er den Auftrag verstanden hat und zur Erfüllung bereit ist.

Auswertung:

Feststellungen:

Der IM prägte sich den Auftrag gut ein und gab den Willen zu verstehen, daß er den Auftrag erfüllen will.

Maßnahmen:

- Weitere Einweisung zum Auftrag; Wiederholung beim nächsten Treff.
- Einweisung in die KW "Mühle" zur Treffdurchführung.

Auftrag:

Bleibt bestehen vom letzten Treff.

Nächster Treff:

16.05.1977, 15.00 Uhr Goetheweg Mühlhausen.

Götze
Oberleutnant

199

HA I / Grenzkommando Süd
UA Aufklärung Mühlhausen

Mühlhausen, 13. September 1977

BSTU
0290

Aktenvermerk

über eine erfolgte Tageseinreise der Zielperson" Tietzel", Reg.-Nr.: XVIII 2597/62

Am 04.09.1977 erfolgte auf der Grundlage der eingeleiteten Fahndungsmaßnahme durch die Abteilung VI der BV Erfurt die Mitteilung, daß die Zielperson "Tietzel" gegen 9.30 Uhr mit einem PKW, polizeiliches Kennzeichen GÖ-KJ 421 nach ███ über die GÜSt Worbis eingereist ist. Typ und Farbe des PKW konnte nicht angegeben werden.

Auf der Grundlage der Konzeption zur Kontaktierung wurde der eingewiesene IM Werber/Instrukteur "███" am Ortsausgang von ███ gesetzt. Der vorgesehene Standpunkt wurde gegen 13.30 Uhr bezogen. Bei einer Kontrollfahrt durch Wilbich stellte der OM fest, daß sich der PKW mit vorgenanntem Kennzeichen im Hof des Gastgebers ███ befand. Es handelt sich um einen offensichtlich neuen blauen PKW, vermutlich Typ Ford Taunus.

Gegen 17.00 Uhr stellte der OM bei einer weiteren Ortsdurchfahrt fest, daß der PKW sich nicht mehr im Grundstück der Gastgeber befand. In der Annahme, daß eine Ausreise über die Strecke Ershausen-Martinfeld erfolgt ist, brach der OM die eingeleitete Maßnahme mit "Hertel" ab. Die Ausreisezeit der Zielperson wurde jedoch durch die Abt. VI erst um 19.55 Uhr bestätigt.

Am 08.09.77 erfolgte beim ABV in ███ne Überprüfung der Einreise.

Ergebnis:

- Die Einreise am 04.09.77 wurde bestätigt.
- Die Zielperson soll mit beiden Töchtern des Gastgebers ███ auf dem Sportplatz von ███gewesen sein. Gegen 16.00 Uhr habe er mit ihnen den Sportplatz verlassen.
- Gegen 18.00 Uhr beobachtete der ABV (*erstmals*) bei einem Spaziergang, daß "Tietzel" mit seinem PKW (Farbe und Kennzeichen mit Fahndungsergebnis und persönlicher Beobachtung des OM identisch) in Richtung ███ fuhr.

200

- Der Aufenthaltsort des "Tietzel" sowie seines PKW gegen 17.00 Uhr konnte durch den ABV nicht angegeben werden.
- Gen. [geschwärzt] bestätigte nochmals, daß Aus- bzw. Einreisen von BRD-Bürgern fast ausschließlich über die Straße Worbis-Dingelstedt-Wachstedt-G[geschwärzt] erfolgen.

Maßnahme:

Eine Wiederholung der geplanten Maßnahme zur Kontaktierung istbei einer erneuten Einreise möglich, da es bisher noch nicht zum direkten Kontakt zwischen IM und Zielperson gekommen ist.

Götze
Oberleutnant

Bei kommenden Kontaktver-
such solange warten, bis ein-
deutig geklärt, daß „Tietzel"
wirklich verlassen hat.

203

HA I / Grenzkommando Süd
UA Aufklärung Mühlhausen

Mühlhausen, 23. September 1977

BSTU
0296

B e r i c h t

zur Treffdurchführung mit dem IM-Werber/Instrukteur [geschwärzt]
am 15.09.77

Am 15.09.77 erfolgte in der Zeit von 15.00 - 16.30 Uhr ein Treff mit dem IM [geschwärzt] in der KW "Mühle".
Zur Treffdurchführung erschien der IM pünktlich und selbständig in der KW.

Das Ziel des Treffs bestand hauptsächlich in der nochmaligen Durchsprache der durchgeführten Maßnahme zur Kontaktierung der Zielperson "Tietzel" sowie in der Auswertung der durchgeführten Maßnahme vom 04.09.77.
Mit dem IM wurde vereinbart, daß der bisherige geplante Ablauf zur Kontaktierung der Zielperson unverändert bleibt. Dies betrifft auch den Standort des IM am Ortsausgang Großbartloff in Richtung Wachstedt. Das Vorgehen zur Kontaktierung wurde nochmals in einzelnen Schritten durchgesprochen und wiederholt.
Für seine Einsatzbereitschaft am 04.09.77 wurde der IM mit einer Prämie in Höhe von 50.00 Mark ausgezeichnet.

Zu seiner Teilnahme am internationalen Studentenlager in der Mongolischen VR berichtete der IM, daß in abwehrmäßiger Hinsicht keine nennenswerten Vorkommnisse zu verzeichnen waren. Der IM berichtete, daß der gesamte Ablauf des internationalen Studentenlagers störungsfrei erfolgte und auf Grund der Zusammensetzung der Studentendelegation keine negativen Faktoren auftraten.

Der IM informierte noch darüber, daß er sein Forschungsstudium an der Pädagogischen Hochschule in Mühlhausen begonnen hat und dazu sein Einsatz im Forschungszentrum Schadebergstr. erfolgte. Daraus ergaben sich einige Veränderungen im Verbindungsplan; der IM gab seine neue Telefonnummer bekannt. Der IM ist unter der Sammelnummer 2521 zu erreichen, es erfolgt die Vermittlung in das Arbeitszimmer des IM. Im Arbeitszimmer des IM hält sich der Dozent Pollak. Auf Grund dessen wurde mit "Richard Hertel" vereinbart, daß die Legende zur telefonischen Verbindungsaufnahme bestehen bleibt (Anruf von seiten des op. Mitarbeiters erfolgt unter dem Namen Göpel, Bezirksleitung der FDJ).

Der IM wird sich in der nächsten Zeit, sowie an den Wochenenden hauptsächlich zu Hause aufhalten, so daß er im Falle einer Einreise der Zielperson "Tietzel" zur Kontaktierung zu erreichen ist.

204

BStU
0297

Mit dem IM wurde abgesprochen, zu welchem Termin er nicht zu erreichen ist bzw. ob die Möglichkeit besteht, ihn zu erreichen.

Als Auftrag wurde dem IM im Rahmen der abwehrmäßigen Beauftragung folgender erteilt:

Aufklärung des Dozenten Pollak hinsichtlich seiner Arbeitseinstellung, Führungs- und Leitungstätigkeit, gesellschaftlicher Tätigkeit sowie zu persönlichen Faktoren.
Dazu erfolgt die Berichterstattung beim nächsten Treff.

Auswertung:

Feststellungen:

- Der IM kann weiterhin zur Kontaktierung der Zielperson "Tietzel" eingesetzt werden und hält sich dazu bereit.
- Bei den weiteren Treffs erfolgt die weitere Vertiefung der Kenntnisse des IM zur Durchsetzung der Konzeption zur Kontaktierung der Zielperson "Tietzel" bzw. die Wiederholung von einzelnen Schritten der Kontaktierung.

Auftrag:

Aufklärung des Dozenten Pollak der Pädagogischen Hochschule, Hochschulbereich Mühlhausen.

Nächster Treff:

05.10.77, 15.00 Uhr - KW "Mühle".

Götze
Oberleutnant

BStU
0308

242

HA 1 / Grenzkommando-SÜD
UA Aufklärung Mühlhausen

Mühlhausen, den 2?.07.1978

Bericht

zur Treffdurchführung mit dem STP ████ im operativen Material "Tietzel" am 21.07.1978

Ort und Zeit der Durchführung

21.07.1978, 13.00 Uhr EBW Ershausen

Zielstellung/Treffvorbereitung

- Der Treff wird kurzfristig durchgeführt.
- Die Zielstellung besteht in der weiteren Festigung des Kontaktes zum STP sowie der festen Bindung des STP an unser Organ.
- Zu diesem Zweck wird er beim Treff befragt, um einen allgemeinen Überblick zur Ortschaft Wilbich in Bezug zu BRD-Einreisen, damit im Zusammenhang stehende Probleme und Fragen zu schaffen.

Am 21.07.1978 erfolgte von 13.00 bis 14.30 Uhr eine weitere Zusammenkunft in der Arbeitsstelle des STP im VEB Eichsfelder Obertrikotagenwerk, BT Ershausen. Das Gespräch wurde im Arztzimmer des Betriebes durchgeführt.

Mit dem STP wurde ein persönliches Gespräch geführt. Im Verlauf dieser Unterhaltung wurde herausgearbeitet, daß P. noch in diesem Jahr das Rentenalter erreicht und dann auch aufhören will zu arbeiten. Er fühlt sich zwar gesundheitlich noch ganz gut, will aber voraussichtlich nicht mehr weiterarbeiten.
Im Gespräch erwähnte er auch, daß er dann auch die Reisemöglichkeiten nutzen will, die sich ihm bieten in Bezug auf BRD-Rentnerreisen. Er hat einen Bruder in Düsseldorf, den er besuchen möchte, sowie weitere Verwandte in Deingerode bei Duderstadt. Hier wohnt ein Schwager von ihm, er heißt, Theele, Paul. Von ihm erfolgen auch Tageseinreisen in die DDR, wie auch v[on] seinen 2 Söhnen, von denen ein Sohn Bernward beim Zoll an der Autobahn-Grenzübergangsstelle Helmstedt tätig sein soll. Allerdings sei dieser bald 1 1/2 Jahre nicht mehr hiergewesen, der Grund ist ihm nicht bekannt. Bernward hat sich beim Grenzübergang immer sehr gut unterhalten und sich als "Kollege" beinden Zöllnern zu erkennen gegeben.

Von Seiten des OM wurde darauf nicht weiter eingegangen, sondern darauf verwiesen, daß man sich über diese verwandtschaftlichen Fragen nochmals unterhalten kann.

213

BStU
- 3 -　　　　0309

T. wurde im weiteren befragt, wie die allgemeine Situation in Bezug zu Einreisen aus der BRD in Wilbich aussieht, ob es in diesem Zusammenhang schon Schwierigkeiten und Probleme gegeben hat, die ihm bekannt wurden.

Der STP sagte dazu, daß es allgemein in Wilbich bedingt durch die grneznahe Lage sehr viel verwandtschaftliche Bindungen in die BRD gibt, Einreisen finden sehr cft und in großer Zahl statt. Außerlich sieht man das an einer Vielzahl von PKW, die an Wochenenden im Ort stehen.
Vorkommnisse schwerwiegender Art oder Probleme im Zusammenhang mit Besuchern aus der BRD sind ihm nicht bekanntgeworden.
Er wird auch in Zukunft mit darauf achten, wenn ihm etwas bekannt wird.

Dem STP wurde für seine Auskünfte gedankt und es wurde vereinbart, ein weiteres Gespräch ca. Ende August durczuführen.

<u>Feststellungen</u>

Der STP verhielt sich im Gespräch mit dem OM wieder offen und ehrlich. Es wird eingeschätzt, daß zum STP ein gutes Vertrauensverhältnis auf der Grundlage eines guten Kontaktes hergestellt wurde. Zur weiteren Festigung sind weitere Gespräche durchzuführen.
Die vom STP erwähnten Angaben zu der Fam. Theele entsprechen im vollem Umfang den bisher bekannten Fakten und sind als objektiv einzuschätzen.

<u>Maßnahmen</u>

Treffdurchführung ca. Ende August 1978

Götze
Oltn.

BStU
0312

216

[illegible]
[illegible] Aufkl., Mühlhsn.

Mühlhausen, den 04.1[illegible].197[illegible]

B e r i c h t

zur Treffdurchführung mit dem Stützpunkt [geschwärzt]
im operativen Material "Tietzel" Reg.-Nr. XVIII 2597/62

Am 02.10.1978 erfolgte in der Zeit von 13.00-13.50 Uhr eine Zusammenkunft mit dem STP [geschwärzt] in dessen Arbeitsstelle in Ershausen.

Der STP brachte im Gespräch zum Ausdruck, daß auch bis zum gegenwärtigen Zeitpunkt keine Einreisen der Zielperson erfolgten, ebenso wie auch seines Bruders und der Eltern der Zielperson. Weiterhin ist dem STP nicht bekannt, ob in diesem Jahr noch Einreisen beabsichtigt werden. Auf postalischem Weg hat sich die Fam. Theele ebenfalls nicht gemeldet.

Ausgehend von dieser Sachlage wies der OM den STP nochmals auf die Einhaltung der Schweigepflicht hin. Für den Fall, daß es dem OM nicht mehr möglich ist, nochmals vorbeizukommen, wurde dem STP für seine Bereitschaft und seine Auskünfte gedankt.

Auswertung: Im gesamten Verlauf des Jahres 1978 waren keine Einreisen der Zielperson zu verzeichnen. Dies wurde durch die laufende Fahndung sowie M-Kontrolle bestätigt. Die Gründe konnten nicht ermittelt werden. Insgesamt ergibt sich nur eine ungenügende Bearbeitungsgrundlage und es wird vorgeschlagen, daß operative Material zu archivieren. Eine Aktivierung der Verbindung durch den STP erscheint wenig erfolgversprechend zu sein.

Götze
Oltn.

Abteilung XII
Zentralarchiv

Streng geheim!

Der Verbleib des Auskunftsberichtes ist nachweispflichtig!

Kurz-
Auskunft über

Theele, Bernward
geb. am: 20.11.50 in Lessingerode/Th. BRD 3427 Lessingerode/[illegible]
MfS AP 549/79 C n.g. abgelegt in: HA I/GKK/UA Abt. Mühlhausen

Der T. stand im operativen Interesse der ablegenden DE und sollte in der Perspektive kontaktiert werden.
Da die DDR-Verbindungen des BRD-Bürgers sich nicht zur Nutzung als Stützpunkt zur Kontaktierung der operativ interessierenden Person eigneten und diese Person im Jahr 197[illegible] keine Einreisen in die DDR tätigte, hatte eine weitere Bearbeitung keine Perspektive mehr.
Das Material gelangte im November 197[illegible] zur Ablage.

Weitere Hinweise:

- zum damaligen Zeitpunkt war der T. Angestellter beim Hauptzollamt Hannover
- er hat den 10 Klassenabschluß und hatte 2 Jahre bei der Bundeswehr gedient
- ein Bruder von ihm ist Polizeibeamter in Hannover

314

Sonstige Abkürzungen und Bezeichnungen

Tietzel	Mein Deckname bei dem MfS
Oltn	Oberstleutnant
MfS	Ministerium für Staatssicherheit
StP	Stützpunkt, Wohnsitz des IM bzw. Anlaufpunkt
Abt. VI	Im MfS zuständig f.d.Passkontrolle, Einreise / Ausreise / Transitverkehr
Abt. XII	Im MfS zuständig f.d. Erfassung und Registrierung von Personen und Objekten
GKS	Grenzkommando Süd in Erfurt
HA I	im MfS die Hauptabteilung Abwehrarbeit der Nationalen Volksarmee (NVA) und der Grenztruppen
IM	Inoffizieller Mitarbeiter
KW	Inhaber einer konspirativen Wohnung
OM	Operatives Material, z.B. Fernglas, Waffen und Pkw usw.
GKS UA	Unterabteilung Aufklärung des GKS mit Sitz in Mühlhausen